农业农村法治研究论丛

（2021）

农业农村部法规司
农业农村部管理干部学院
中国农业农村法治研究会 ——编

法律出版社
LAW PRESS·CHINA
北京

图书在版编目（CIP）数据

农业农村法治研究论丛. 2021 / 农业农村部法规司，农业农村部管理干部学院，中国农业农村法治研究会编. -- 北京：法律出版社，2024

ISBN 978-7-5197-8802-5

Ⅰ. ①农… Ⅱ. ①农… ②农… ③中… Ⅲ. ①农业法-研究-中国 Ⅳ. ①D922.44

中国国家版本馆 CIP 数据核字（2024）第 017734 号

农业农村法治研究论丛（2021）
NONGYE NONGCUN FAZHI YANJIU LUNCONG（2021）

农业农村部法规司
农业农村部管理干部学院 编
中国农业农村法治研究会

策划编辑 李天一
责任编辑 李天一
装帧设计 李 瞻

出版发行 法律出版社
责任校对 张翼羽
责任印制 吕亚莉
经　　销 新华书店

开本 710 毫米×1000 毫米 1/16
印张 13　**字数** 210 千
版本 2024 年 6 月第 1 版
印次 2024 年 6 月第 1 次印刷
印刷 北京建宏印刷有限公司

地址：北京市丰台区莲花池西里 7 号（100073）
网址：www.lawpress.com.cn
投稿邮箱：info@lawpress.com.cn
举报盗版邮箱：jbwq@lawpress.com.cn

销售电话：010-83938349
客服电话：010-83938350
咨询电话：010-63939796

书号：ISBN 978-7-5197-8802-5　**定价**：68.00 元

凡购买本社图书，如有印装错误，我社负责退换。电话：010-83938349

本书编委会

卷 首 语

《农业农村法治研究论丛》(原名《农业法律研究论丛》)是在农业农村部法规司(原农业农村部产业政策与法规司)的指导和支持下,由农业农村部管理干部学院(原农业部管理干部学院)和中国农业农村法治研究会(原中国农业经济法研究会)公开出版的系列丛书。《农业农村法治研究论丛》坚持学术自主、自尊和自律的原则,秉承兼容并蓄的风格,关注农业农村法治的理论前沿问题和实践需求,展现农业农村法治领域最新研究成果,为法治中国、法治"三农"建设提供智力支持。该丛书自出版以来,受到社会各界的关注和欢迎。《农业农村法治研究论丛(2021)》分设"农村土地与农民权益"、"植物新品种保护"、"农业生态安全"、"农村金融与财税"和"乡村治理"5 个专题,共 13 篇文章,内容涉及农村宅基地管理和集体经营性建设用地入市、植物新品种保护、农村合作金融组织等方面。

开拓新领域、研究新课题、推动新发展,团结同仁、凝聚共识、服务"三农",是我们的责任和使命。我们热切期望社会各界关心支持《农业农村法治研究论丛》的编辑出版,共同为农业农村法治研究繁荣贡献力量。

编 者

2023 年 12 月

目 录

第三部分　农业生态安全

第四部分　农村金融与财税

第五部分　乡村治理

第一部分　农村土地与农民权益

西部农村闲置宅基地盘活利用的现实困境与法律应对

——基于重庆基层乡镇农户的调研实证*

杨　惠**

摘　要:闲置宅基地盘活利用是激活农村要素资源,推动乡村振兴战略的重要举措。本文通过分析重庆市基层乡镇农户的实证调研数据,梳理重庆市宅基地闲置及盘活利用情况,提出当前西部农村(尤其西部山区)农户自行主导的闲置宅基地盘活利用面临盘活主体缺位、农户盘活能力条件资源不足、安全感缺乏等现实困境,应当构建农民集体主导、多元主体参与的宅基地盘活利用机制,通过深化宅基地“三权分置”改革、完善

---

* 教育部人文社会科学研究一般项目“中国国土空间统一规划与用途管制立法研究”(22YJA820026)、重庆市哲学社会科学规划项目“乡村全面振兴目标下深化推进重庆市宅基地制度改革立法对策研究”(2019ZDFX04)、重庆市教育委员会人文社会科学类研究重点项目《高质量发展目标下中国国土空间治理现代化和法治化问题研究》(21SKGH002)阶段性成果。

** 杨惠,西南政法大学教授,硕士生导师,法学博士,重庆集体林权制度研究中心执行主任。

宅基地管理制度、农村社会保障制度以及其他配套制度建设,强化地方政府的引领责任、落实农民集体的主体地位和主导作用、激发农户和社会主体的参与积极性,为闲置宅基地盘活利用提供制度保障。

关键词:闲置宅基地;盘活利用

引　言

2018年中央一号文件《中共中央、国务院关于实施乡村振兴战略的意见》规定:“完善农民闲置宅基地和闲置农房政策,探索宅基地所有权、资格权、使用权‘三权分置’,落实宅基地集体所有权,保障宅基地农户资格权和农民房屋财产权,适度放活宅基地和农民房屋使用权,……”国家发展改革委印发《2021年新型城镇化和城乡融合发展重点任务》进一步提出“鼓励农村集体经济组织及其成员采取自营、出租、入股、合作等方式,盘活农村闲置宅基地和地上房屋”。农村闲置宅基地的盘活利用不仅增加了农民的财产性收入,也为乡村产业发展提供了用地和资金支持,是落实党中央乡村振兴战略、实现城乡融合发展的内在要求和重要举措。鉴于重庆“大城市带大农村”的地区特点,宅基地规模庞大①,闲置问题比较严重,不仅偏远农村,甚至一些远郊地区都存在不同程度的闲置现象。党中央指出实施乡村振兴战略要“坚持农民主体地位”。笔者对重庆市渝北区、梁平区、荣昌区、酉阳土家族苗族自治县以及丰都县5个区县下辖共9个基层乡镇22个村庄的农户随机进行了问卷调查和访谈,实际发布50份网络问卷、250份线下问卷,有效回收226份问卷。本文基于对实证调研数据的分析,以期能相对客观地反映重庆市宅基地利用现况,并从农户的视角反思西部农村闲置宅基地盘活利用存在的困境及法律应对的措施。

---

① “据学者调研统计,截至2016年年底,重庆市共有农房总量658.4万余栋。从农房连续整栋闲置情况来看,全市共有连续整栋闲置农房155.9万余栋,占全市农村住房总量的23.7%。”邵恒心、宇德良、宋德义:《宅基地“三权分置”背景下重庆市闲置农房盘活利用思路探讨》,载《农村经济与科技》2019年第14期。

一、农户视角下宅基地闲置及盘活利用现况——基于重庆市基层乡镇的调研实证分析

（一）宅基地闲置现状

1. 过半宅基地和农房全部或部分闲置

从问卷数据看，11.92%的被调研农户的宅基地（包括住房和附属建筑等）全部闲置；40.94%的被调研农户的宅基地部分闲置。

2. 闲置类型及原因多样，“建新不拆旧型”闲置占主导

造成宅基地闲置的众多原因中，另建新房或者已购商品房是主要原因。随着近年农村基础设施改善，旧宅基地上的房屋由于地基低洼等因素不适宜继续居住，或者受传统观念影响，更多农户择优而居，选择风水好、交通好的地方建造新房。同时，农户认为宅基地是祖辈世代相传的永久性私有财产，不存在归还村集体或者“建新拆旧”的问题。无论是主观因素还是客观因素造成的“建新不拆旧”，都加剧了农村闲置宅基地的规模。

3. 偏远山区“一户多宅”现象普遍存在

通过调研发现，随着近几年农村宅基地确权整改运动的推进，“一户多宅”现象出现地域差异，在偏远山区普遍存在“一户多宅”的现象。以荣昌区、梁平区等地区村庄为例，邻近城市的乡村因城乡土地资源利用关系较为紧张、涉及多方群体的具体利益，相关政策的落实较好、管控有力，宅基地“一户一宅”落实清楚；而偏远地区则呈现明显差异，如丰都县、酉阳土家族苗族自治县的部分村庄，“建新不拆旧”、私自搭建小棚屋、保留生产性用房等现象比较普遍。

（二）闲置宅基地盘活利用现状

1. 农户把宅基地的居住保障功能作为盘活利用的基本前提

在农村宅基地“三权分置”改革背景下，农户对宅基地的实际利用与价值认知倾向也发生着转变，宅基地的居住属性和财产属性在不同年龄

层次所呈现的需求出现分层变化趋势,年长农户更看重宅基地的居住属性;而新生代农户则侧重关注宅基地的财产属性,希望在保障宅基地居住功能的前提下实现闲置宅基地的盘活利用。

2. 农户具有强烈的盘活利用意愿

63.33%的被调研农户表示愿意将其闲置宅基地进行盘活利用,并且表示只要政府或者村组织拿出具体清晰且合理的实施方案,他们愿意配合相关政策促进闲置宅基地的再利用。仅有33.33%的受访农户明确表示不愿意盘活利用,原因主要集中在认为祖宅不该流转、流转风险大、当地没有盘活利用的价值以及农村缺乏青壮年劳动力等。

3. 农户主导盘活利用闲置宅基地的方式单一

农户对自己的闲置宅基地的处理方式单一,要么继续闲置,要么出租,并且由于对相关法律、政策不了解,他们对于抵押、入股等盘活利用方式显得非常谨慎。

4. 农户看重宅基地复垦收益回报并对社保补偿有强烈诉求

梁平区在2008年就响应重庆市推出的地票制度,创建了良好的落实机制,但调研显示,宅基地退出过程时间长以及地票打包交易下区别受益的风险对农户参与的积极性有较大影响,同时,56.67%的被调研农户非常注重社会保障,多数农户倾向于把"用政府补贴买养老保险"作为补偿条件。

5. 大多数农户的认知与政策制度的改革发展脱节

被调研农户普遍对"宅基地确权""宅基地所有权归属""一户一宅"等知之甚少。而身处偏远山区的农民在政策制度的接受上更是处于信息滞后的尴尬地位,不仅对大部分宅基地制度处于"懵懂"状态,对与之相关的实践开拓更是闻所未闻。调研显示,56.67%的受访农户认为宅基地属于个人所有,36.67%的受访农户认为宅基地属于国家所有,3.33%的受访农户认为宅基地属于农村集体所有,还有3.33%的受访农户并不清楚宅基地的归属问题。

6. 不同基层政府在宅基地盘活利用中发挥的作用差异明显

在被调查的五个区县中,三个区县是以农户自己为主导对闲置宅基地进行利用,另有两个区县则存在政府的介入,政府在宅基地管理经验和资源积累上显然有其优势。通过对比,由政府介入且政府充分发挥其应有职能的,农户对自己生活的满意度以及对政府的满意度都明显高于其他几个地区。

二、西部农村(尤其西部山区)农户主导的闲置宅基地盘活利用面临的现实困境

基于对调研结果的分析,笔者认为当前西部农村,尤其西部山区农村主要以农户为主导的农村闲置宅基地和农房的盘活利用面临以下现实困境。

(一)农村人口流失严重导致盘活主体缺位

城乡经济不平衡导致农村人口流失严重。根据重庆市统计局发布的数据,从1996年至2019年,重庆市城镇人口数量从848.21万人增加到2086.99万人,乡村人口数量从2027.09万人缩减到1037.33万人,城镇化率从29.5%增长至66.8%。[①] 数据表明,近年来重庆市农村人口不断向城市涌入,在城镇化进程中主力军属于青壮年。在我们的调研数据中,留在农村的40岁以上的中老年人占77.21%,务农或者无业/待业的人口达到80.31%。由于城乡经济发展的不平衡,普通农民在乡村就业的经济收益难以同在城镇就业获得的经济利益相提并论,加之城镇的"虹吸"效应,大量农村青壮年进城打工经商,他们或是小有成就后直接在城镇购房定居,任其农村宅基地处于完全闲置的状态;或是仅以过年为节点返乡小

① 重庆市统计局、国家统计局重庆调查总队编:《重庆统计年鉴2020》,载重庆市统计局网2021年4月9日,http://tjj.cq.gov.cn/zwgk_233/tjnj/2020/indexch.htm,第三章表3-3常住人口及城镇化率(1996~2019年)。

住,使其宅基地处于季节性闲置、半闲置状态。农村劳动力的严重流失阻碍了农村闲置宅基地盘活利用工作的有效落实。

(二)农户盘活利用闲置宅基地的能力、条件和资源有限

调研结果显示,农户盘活利用闲置宅基地的意愿强烈,但宅基地闲置现象依然严重,且所处区域越偏远问题越大。笔者认为,农户自身缺少盘活利用的能力、条件和资源是其主要原因。首先,闲置宅基地盘活利用需要统筹考虑区位条件、资源禀赋、环境容量、产业基础和历史文化传承等因素,选择适合本地实际的农村闲置宅基地和闲置住宅盘活利用模式,而山区农民,尤其偏远山区农民一般受教育水平低,没有统筹考虑的能力,更计较眼前的利益和风险,更多是从其认知出发进行保守选择,这在一定程度上致使农户自发进行的宅基地盘活利用效果有限。其次,农村基础设施落后,特别是偏远山区,受自然条件的制约,在交通上受山地和河流阻隔,开路架桥的成本高、技术难度大,交通建设困难,供水供电困难,通信设施建设速度跟不上城市建设速度,农村地区基础设施整体水平低下,进一步导致宅基地盘活利用缺乏支撑条件。再次,农户可盘活的宅基地和农房资源有限,闲置宅基地盘活利用需要足够的市场来实现盘活利用后的经济收益,但立法要求宅基地在集体成员中流转使宅基地的财产价值缺乏受众;部分山区具备开发乡村旅游的自然优势,但利用闲置宅基地及农房开办“农家乐”、发展乡村民宿等意味着土地用途的变更,存在土地用途管制方面的制度障碍;地票制度开启了闲置宅基地通过复垦成耕地得以置换建设用地指标的利用新路径,对偏远山区的宅基地不失为一种有效的盘活方式,但规划以及指标总量的约束都使其适用范围有限,并不能在基层农村广泛推广。最后,农户可用的盘活资金不足,经济实力匮乏,难以在现行制度和经济条件下对闲置宅基地进行资源化利用。

（三）农村社会保障制度不健全致使农户存在盘活利用的后顾之忧

社会保障对促进农村闲置宅基地盘活利用也发挥着重要作用。调研显示，农民高度关心宅基地退回后的保障问题，这说明随着农村经济和社会结构的变化，社会保障观念越来越深入民心，农村社会保障制度的“稳定器”功能正日益显化。但我国农村长期位于社会保障体系的边缘，农民对土地的严重依赖致使农户在土地盘活利用上充满了“利益受损”的警惕和隐忧，这反过来又延缓了土地适度规模经营的推进，阻滞了农村闲置宅基地的盘活利用工作。加快完善农村社会保障制度，已然成为农户的迫切要求和新农村建设的当务之急。

（四）政策法律宣传不够详尽影响农户对闲置宅基地盘活利用的积极性与安全感

“政策下乡”是闲置宅基地盘活利用的基础和前提。法律政策的宣传推行，应当如闲置宅基地盘活利用领域的“启蒙教育”般，在农村闲置宅基地的盘活利用实践中具有至关重要的引导和规范功能。一旦政策宣传缺位，农民将不可避免地始终处于被动地位，难以争得先机。正如调研所显示，虽然许多农户愿意探索能够提高自己经济收入的经济活动方式，把自己能够取得的经济利益作为影响从事某项活动的首要考量因素，但相较于“跟风”式的盲目参与，当涉及切身利益但又不够了解闲置宅基地盘活利用相关政策时，农户依然会选择采取保守观望态度。政策制度宣传不足，就无法发挥其在闲置宅基地盘活利用过程中权益纠纷的“警戒线”作用以及纠纷产生后权利救济的“保护网”功能，直接导致农户对于闲置宅基地盘活利用了解度不够、参与度过低。

三、推进西部农村闲置宅基地和农房盘活利用的法律对策

(一)深化宅基地“三权分置”改革,构建农民集体主导、多元主体参与的宅基地盘活利用机制

1. 落实宅基地所有权,保障农民集体在闲置宅基地盘活利用中的核心地位和主导作用

鉴于西部农村,尤其西部山区农户自身能力的局限,闲置宅基地的盘活利用有必要实现从农户自己主导向农民集体主导的转型,这个转型有赖于农民集体的宅基地所有权的落实。我国长期存在集体土地所有权“主体虚位”与“权能虚化”的问题。随着《民法典》的颁布,集体土地所有权“主体虚化”问题已在一定程度上得到解决。《民法典》确立了集体土地所有权的“代表行使”机制,即由农村集体经济组织代表农民集体行使土地所有权,未设立村或村内集体经济组织的,由村民委员会或村民小组代表行使,并同时规定了农村集体经济组织的“特别法人”身份。当然,尚需进一步明确这种“代表”关系的本质,方能真正厘清集体经济组织法人与农民集体的关系。笔者赞同依信托关系①来架构此种“代表行使”的制度机制,即集体经济组织法人受托经营管理农民集体所有的土地,并确保集体资产的受益人为农村集体成员,如此既能保障农村集体经济组织对农民集体所有宅基地的占有和经营管理,也能实现集体财产为农村集体成员共同分享、使用、收益的目的。而“权能虚化”问题的克服需要进一步落实集体土地所有权人的收益权和处分权,强化集体经济组织对宅基地流转收益的分配权利、依法强制或有偿收回宅基地的权利,赋予集体经济组织在宅基地取得以及超标占用、一户多宅等情形下依法收费的权利等,都

① 《信托法》第2条规定:“本法所称信托,是指委托人基于对受托人的信任,将其财产权委托给受托人,由受托人按委托人的意愿以自己的名义,为受益人的利益或者特定目的,进行管理或者处分的行为。”

将有助于农民集体在闲置宅基地盘活利用中发挥更为核心和主导的作用。

2. 在保障宅基地资格权的基础上适度放宽宅基地使用权的取得和流转,吸引社会主体参与宅基地盘活利用

鉴于农户自身资金有限、用地需求量小,宅基地的盘活利用需要吸收更多有能力、有需求、有资源的主体加入。我国现行法律强调宅基地的成员身份属性和保障功能,不仅明文禁止宅基地使用权对外流转,也不允许其单独作为抵押物的标的,不认可宅基地使用权的收益权能。但宅基地资格权的独立以及与宅基地使用权的分离意味着可以在制度设计上完成宅基地保障功能与财产功能的切分。笔者主张宅基地资格权应是农村集体成员无偿获得集体提供的住房福利的权利,兼具成员权与福利权的双重属性,通过明确宅基地资格权的取得条件和实现方式,可以充分承继宅基地的身份属性,实现其居住保障功能。在保障宅基地资格权的基础上,有条件地放宽宅基地使用权的取得与流转,确认宅基地使用权的收益权能,可以为社会主体参与宅基地盘活利用提供动力和创造利用条件。2016 年,《国务院办公厅关于支持返乡下乡人员创业创新促进农村一二三产业融合发展的意见》提出"在符合农村宅基地管理规定和相关规划的前提下,允许返乡下乡人员和当地农民合作改建自住房"。国家发展改革委《2021 年新型城镇化和城乡融合发展重点任务》明确提出鼓励农村集体经济组织及其成员采取自营、出租、入股、合作等方式,盘活农村闲置宅基地和地上房屋。各地的宅基地改革试点中还探索建立了非集体成员有偿取得宅基地使用权(浙江义乌)、宅基地使用权跨集体流转(四川泸州)等制度创新机制。显然以上政策规定和试点创新已经实质上赋予了宅基地使用权的收益权能,扩展了宅基地使用权主体范围。应当推动将试点经验纳入地方立法,构建宅基地有偿使用的规则体系,促进宅基地在更大范围规范流转。从这个角度讲,《民法典》第 362 条对宅基地

使用权的定义依然沿用原《物权法》的规定①,缺失了对宅基地使用权的收益权能的规定,未能体现宅基地改革探索的成果,建议在未来立法中予以明确。

(二)深化宅基地管理制度改革,释放宅基地盘活利用的制度空间

1. 完善宅基地经营性利用的规划管制规则,保障乡村产业振兴用地需求

宅基地的经营性利用是盘活利用闲置宅基地的主要措施,也是乡村产业振兴的客观需要。2019 年《中央农村工作领导小组办公室农业农村部关于进一步加强农村宅基地管理的通知》中提出:“鼓励村集体和农民盘活利用闲置宅基地和闲置住宅,通过自主经营、合作经营、委托经营等方式,依法依规发展农家乐、民宿、乡村旅游等。”但宅基地的经营性利用需要遵从国土空间规划和土地用途管制的规定,《土地管理法》第 4 条第 4 款规定“使用土地的单位和个人必须严格按照土地利用总体规划确定的用途使用土地”,《土地管理法实施条例》第 2 条第 2 款第 1 句规定“土地开发、保护、建设活动应当坚持规划先行”。按现行立法,宅基地属于保障性居住用地,与集体经营性建设用地分属不同的建设用地类型。因此必须完善宅基地利用和转用的管理规则,才能释放乡村振兴的政策红利。建议统筹考虑农村居住、产业、生态用地需求以及土地自然条件、不同用地方式带来的环境生态影响等,合理规划乡镇用地结构和空间布局,适当扩展宅基地的用途类型,允许一定规模和区域内的宅基地用作规定的商业、旅游等用途,明确宅基地变更为集体经营性建设用地的审批条件和程序,为闲置宅基地盘活利用提供制度空间。

---

① 《民法典》第 362 条规定:“宅基地使用权人依法对集体所有的土地享有占有和使用的权利,有权依法利用该土地建造住宅及其附属设施。”

2. 优化地票制度设计，推动建设用地指标跨区域交易，激发宅基地复垦利用的制度绩效

闲置宅基地复垦成耕地或林地是宅基地利用的另一模式，也是偏远山区宅基地盘活利用的主要路径。特别是借地票交易机制，实现复垦产生的建设用地指标的市场交易，不仅直接增加了宅基地权利人的财产性收入，而且促进了国土空间布局的优化，保障了粮食安全和生态环境的公共利益。针对当前地票制度施行中的问题，建议从以下方面优化地票制度设计：一是简化不必要的程序，目前从宅基地退出申请到地票款发放给农户，需要的时间超过三年，建议可以将部分地票交易后期工作向前延伸，提高工作效率，缩短复垦利益的回报周期；二是应当结合当地经济发展状况和耕地利用情况强化对宅基地复垦为耕地或林地的必要性和合理性评估。针对村内承包地荒废较多的情况，应当先解决好村内承包地的荒废问题，如通过畅通农地流转，将其承包给企业进行集约化耕种，以此吸引青壮年返乡创业，然后再鼓励退回闲置宅基地进行复垦，以尽可能地避免农户拿到地票补偿后便不继续耕种，避免耕地的流转机制尚未建设好而农村的劳动力又因为退出宅基地而流失，导致新一轮农地抛荒的现象。同时，市场交易的范围越大，参与主体越多，越能发挥市场的功能，2021 年中共中央办公厅、国务院办公厅印发《建设高标准市场体系行动方案》，明确提出推动经营性土地要素市场化配置，开展土地指标跨区域交易试点，探索建立全国性的建设用地指标跨区域交易机制，应当加快探索建立成渝地区（甚至更广泛区域）建设用地指标跨区域交易机制，更好发挥地票制度在盘活利用闲置宅基地的作用。

（三）逐步建立多元化的农村安居保障制度，消除农户“利益受损”的不确定性恐慌

闲置宅基地的盘活利用需要配套完善农村社会保障制度，只有宅基地的退出、流转、盘活利用与农户安居、社会保障政策相匹配，消除农户“利益受损”的不确定性恐慌，才能有效推进农村闲置宅基地盘活利用建

设。宅基地的无偿分配固然提供了对农户居住保障的功能,但未必是唯一、有效的保障形式。随着农村人口的流动以及城乡关系的变化,农户对居住保障的诉求日益复杂,应当逐步建立多元化的保障路径,发展农村安居社区建设,有效提供安置补偿,满足农户日益多样的安居需要。

(四)强化地方政府对宅基地盘活利用的领导和引导责任

1.地方政府有因地制宜规划本地宅基地利用的责任

当地政府应在国家宅基地制度改革政策的带领下,充分研究本地闲置宅基地的现状特征,切实规划本地闲置宅基地的发展路径,将国家政策和本土实际进行有效融合、优化,摒弃不符合当地特征的方式,挖掘具有本土品牌属性的闲置宅基地盘活之路。

2.地方政府有吸引人才返乡入乡的责任

宅基地盘活利用迫切需要人才加持:一方面是知识型人才的引进,如大学生"村官"等,能够跟随政策的步伐,积极与村民联系沟通,为组织队伍提供新鲜的血液。针对此类人才,不仅应该为其提供基本的居住保障和生活保障,更应该提高福利待遇,保证他们能够安安心心地驻扎在乡村一线。另一方面是技术型人才的引进,如专业设计人才、电子商务人才、旅游策划人才等,对于此类人才,应该着重保证其经济收入以及"五险一金",缩小与在城市就业的差距,利用国家补贴为其提供资金支持。

3.地方政府有加强政策法律宣传的责任

应当提升相关工作人员的政策知识储备,培训专业团队,以便下乡宣传。对政府和村委会宣传工作人员进行定期培训,加强宣传工作人员的素质能力建设,提高其学习、宣讲理论政策的能力,组织、策划、宣传文化活动的能力,以及运用新媒体、新技术的能力,使其能够熟练组织宅基地相关政策宣传活动,同时应适当增加宣传活动经费预算,以达到更好的宣传效果。

4.地方政府有加强农村地区基础设施和公共服务供给的责任

宅基地盘活利用极大受制于农村基础设施和公共服务的供给水平。

2020 年中央一号文件明确提出要“对标全面建成小康社会加快补上农村基础设施和公共服务短板”。

结　语

在政策规定与实际实施中,往往隔着一条较宽的“马路”。如果相关部门及其工作人员将政策贯彻落实到位,那么这条“马路”就是通路;如果仅浮于形式,这条“马路”就是“隔离带”。农村闲置宅基地的盘活利用,意味着宅基地的社会功能扩张。宅基地不再局限农民的住房保障功能,还将逐步成为扶助农民收入增长的重要经济新来源。它承载着我国广大农民群体对于日益增长的美好生活需要的希望,是从乡村现有资源角度出发,发动“造血”功能、推动乡村振兴战略开展的又一内在动力。应当通过完善宅基地产权制度、宅基地管理制度、农村社会保障制度以及其他配套制度建设,强化地方政府的引领责任、落实农民集体的主体地位和主导作用、激发农户和社会主体的参与积极性,从而释放乡村振兴政策红利,为宅基地盘活利用开拓制度空间、搭建有效机制,保障乡村振兴战略的贯彻实施。

农村集体经营性建设用地入市操作规则研究*

覃新崇　傅　楣　顾振明　覃　姗**

摘　要：课题小组结合调查研究广西北流及其他市县集体经营性建设用地入市实际，剖析农村集体经营性建设用地入市难点问题，提出完善农村集体经营性建设用地入市操作规则的改革思路：明确集体经营性建设土地入市主体，完善农民集体决议程序与内容，明确集体经营性建设用地入市范围应限于乡村公益性，但也可用于住宅用途，制定政府收取调节金的比例标准及土地增值收益在集体经济组织内部的分配和使用方式，明晰集体经营性建设用地产权登记，通过土地增值税、个人所得税、使用权变更登记费等税费的形式加以调节，建立健全市场交易规则和服务监管制度。

关键词：农村集体；集体经营性建设用地；入市；操作规则

---

* 2020年度中国农业农村法治研究会课题“农村集体经济建设用地入市操作规则研究”研究成果。

** 覃新崇，玉林市督查绩效办主任，玉林市委副秘书长（兼）；傅楣，广西壮族自治区人大教科文卫委办公室三级主任科员、公职律师；顾振明，广西创和律师事务所专职律师；覃姗，玉林市农业行政执法支队一级科员。

一、课题研究背景与意义

准予农村集体经营性建设用地入市是2019年修订的《土地管理法》(以下简称新《土地管理法》)赋予集体土地所有者的重要权能,也是该权利移转制度构建的前提。新《土地管理法》已于2020年1月1日开始实施,然而在新《土地管理法》和《民法典》之规则供给同时严重不足的情形下,实践中农村集体建设用地入市面临诸多困惑:《民法典》第二编(物权)对建设用地使用权的规定能否直接适用于集体建设用地使用权?新《土地管理法》第63条规定了集体经营性建设用地入市,在很多地方的农村集体经济组织不健全的情形下,如何确定设权合同的甲方?农民集体的入市决议的决议主体、表决程序、决议事项如何确定?新《土地管理法》列举的入市方式是否均属于设权方式,在其列举之外是否存在其他方式?集体建设用地使用权的客体应当符合哪些法定要求?对这些问题,现有法律规定或缺位或模糊,社会各界也未达成共识。在国家细化实施规定之前,农村集体经营性建设用地入市得以适用的法律依据仅有新《土地管理法》第63条,但该条规定之不足的部分,只能依据法理并结合集体经营性建设用地使用权入市的实践进行探索。

目前,农村集体经营性建设用地入市亟待制定一些配套的法律法规和相关的制度,为具有开发利用潜力的现有城乡建设用地入市流转建立健全市场交易规则,完善规划、投资等相关服务和监管制度;建立一组配套法律法规,拉近该部分入市土地与国有建设用地的距离,以求得集体经营性建设用地与国有建设用地携手共进共同发展相当有必要。鉴于此,本文以新《土地管理法》和《民法典》第二编(物权)的有关规定为基础,以广西北流集体经营性建设用地入市试点的成熟经验为借鉴,就上述疑难问题提出研究建议,为新《土地管理法》和《民法典》的统一适用以及《土地管理法实施条例》等配套立法提供具体实际参考。

二、广西北流集体经营性建设用地入市案例①

自2015年3月改革试点工作开展以来,广西北流坚持"可入市、尽入市"的原则,积极开展多类型、多用途集体经营性建设用地入市实践尝试,形成了集体经营性建设用地入市的"北流模式",有效地助推了土地改革试点工作。截至2020年12月,广西北流已实施集体经营性建设用地入市286宗,入市面积16,306.33亩,成交价款66.47亿元,实现抵押贷款9笔,贷款额7177.55万元。

(一)大胆探索不同入市途径

广西北流大胆探索了就地入市、调整入市、整治入市、新增入市等不同入市途径。就地入市,是指集体经营性建设用地地块在合规条件下,且已具备开发建设所需要的基础设施等条件,可直接进入土地交易市场。调整入市,是指零星分散的土地经整治调整后异地或置换入市。整治入市,是指城中村集体建设用地经土地整治后由集体经济组织入市。新增入市,是指经营性用途的土地依法转为建设用地后由农民集体入市。截至2020年12月,广西北流农村集体经营性建设用地入市出让的286宗土地中:就地入市24宗、调整入市233宗、整治入市30宗、新增入市1宗。

(二)创新公益项目用地保障方式

截至2020年12月,广西北流农村集体经营性建设用地入市出让的286宗土地中:工矿仓储用地70宗、商住用地147宗、公共管理用地32宗、商服用地12宗、教育用地7宗、其他公益用地(风景名胜设施用地、交通运输用地、殡葬用地)18宗。其中,公益项目用地方式实现较大创新,一种方式是协议出让公建项目用地,用于建设客运站和卫生院等公益建设项目;另一种是在经营性项目中捆绑出让37宗面积16.04公顷的基建公

① 资料来源:广西北流农村土地制度改革试点工作领导小组办公室提供的《北流市农村集体经营性建设用地入市试点工作总结报告》。

建配建项目用地，用于建设镇域道路、公园、学校、市场等。广西北流将集体经营性建设用地用于建设学校、医院等公益性项目，在全国试点区域中属于开创性的探索，对深化征地制度改革，特别是缩小征地范围具有积极的推动意义。

（三）积极搭建入市交易平台

广西北流规定农村集体经营性建设用地使用权出让、转让、租赁、作价入股、抵押等交易，应当在市公共资源交易平台进行，公开交易信息。广西北流成立了市镇村三级农村产权交易中心（办事处、工作站）和市镇村三级农村土地流转服务中心（站），负责政策咨询、提供交易信息等服务。入市交易统一在广西北流市公共资源交易中心举行，有利于方便交易、监督管理。

（四）完善农村集体经营性建设用地入市制度

按照国家统一部署和自治区相关政策要求，根据农村集体经营性建设用地入市需要，完善配套管理制度和办法，继续稳步推进农村集体经营性建设用地入市，允许就地入市、异地调整入市和新增建设用地入市，允许村集体在农民自愿前提下，依法把有偿收回的闲置宅基地、废弃的集体公益性建设用地转变为集体经营性建设用地入市。

（五）健全入市操作及收益分配机制

广西北流全面推进全市农村建设用地整治复垦，以城乡建设用地增减挂钩项目等方式立项，建立增减挂钩节余指标市级交易平台，增减挂钩项目拆旧区复垦的周转指标，在优先保障项目所在区农民宅基地合理需求、村集体公益性项目建设用地和集体产业发展用地基础上，节余指标可进入市级交易平台公开交易。各镇年度商服、商品住宅项目新增建设用地，原则上不安排新增建设用地计划指标，须通过购买本地产生的增减挂钩节余指标予以保障。制定出台《农村集体土地增值收益核算办法》，对农村集体经营性建设用地入市或农村集体土地被征收后以国有土地出让形式取得的土地增值收益，建立市、镇、村三级收益共享分成机制，其中镇、村两级收益分成比例分别不低于10%。广西北流农村集体经营性建设用地入市收益分配方案的内容包括:广西北流财政提取土地增值收益调节金和收取其他税费,土地成交价款剩余部分归村集体所有,集体与农民之间的收益按照70%作为集体资产,30%分给集体组织成员。调节金主要分土地增值收益调节金、整治复垦费用、新增报批费用、土地增值收益平衡再分配金等四个类型,其中土地增值收益调节金提取比例为5%~50%、整治复垦费用提取比例为5%~20%、新增报批费用提取比例为5%~20%,土地增值收益平衡再分配金提取比例为2%~12%。

三、我国农村集体经营性建设用地"入市"的难点分析

从广西北流及其他市县集体经营性建设用地入市实践经验看来,各地农村集体经营性建设用地流转实践使土地得以高效利用、土地价值得以实现;土地金融服务发展迅速,经济不断发展;各地相继出台行政法规与规章,有效保护了耕地。但是其凸显的弊端不容小觑,存在诸多难点问题,有四方面内容需进一步明确:

(一)需明确集体经营性建设用地入市主体

法律规定的集体土地所有权的主体包括乡镇农民集体、村农民集体、生产队农民集体三种情形,具体到待设权的集体建设用地地块,其土地所有权具体归属于哪一个农民集体,则需要通过集体土地所有权确权登记确定。由于《民法典》第二编并没有明确"农民集体"的民事主体地位,而只是赋予了农村集体经济组织特别法人地位,故此只能依据《民法典》第262条的规定由该农民集体对应的农村集体经济组织或者村民委员会、村民小组等代表行使。这一做法使在集体土地所有权行使上"农民集体"被"隐身"于法定代表行使主体之后。故此,集体建设用地使用权设立合同的甲方只能以对应的农村集体经济组织或者村民委员会、村民小组等法定代表主体的面目出现。新《土地管理法》第11条明确规定:"农民集体所有的土地依法属于村农民集体所有的,由村集体经济组织或者村民委

员会经营、管理;已经分别属于村内两个以上农村集体经济组织的农民集体所有的,由村内各该农村集体经济组织或者村民小组经营、管理;已经属于乡(镇)农民集体所有的,由乡(镇)农村集体经济组织经营、管理。”《土地管理法》中仅笼统地规定了农民集体是集体土地的所有权主体,至于集体如何确定,并没有明确规定。《国土资源部、中央农村工作领导小组办公室、财政部、农业部关于农村集体土地确权登记发证的若干意见》中提出:“确定农村集体土地所有权主体遵循‘主体平等’和‘村民自治’的原则,按照乡(镇)、村和村民小组农民集体三类所有权主体,将农村集体土地所有权确认到每个具有所有权的农民集体。”在实践中,由于缺少明确的法律约束机制,村民小组往往疏于管理,易导致小组长滥用权力。同时,由于现在农村人口向城市流转比较普遍,很多村民小组功能弱化,乡(镇)集体经济组织已经基本不复存在,往往由乡(镇)政府代行乡(镇)土地所有权,这就可能形成政府与集体资产不分的情况。这样的做法有悖于“政事分开、管办分开”的服务型政府的总体要求。

(二)需明确农村集体决策程序及决策内容

集体经营性建设用地是否入市,选定何人、何组织实施集体经营性建设用地入市的行为,取决于农民集体内部决策,归根结底属于农民集体自治的范畴,且村级集体经济组织作为一个独立的市场主体,其合法经营行为受法律保护,各级政府无权过度干涉。各级政府需在不违背宪法中关于村集体基层自治的规定、不过度干涉入市主体的正常市场行为的前提下,合理通过有效监管来保障农民集体的利益,这才是国家管控的应有之义。根据新《土地管理法》第63条第2款的规定,该条第1款规定的集体经营性建设用地出让、出租等,应当经本集体经济组织成员的村民会议2/3以上成员或者2/3以上村民代表的同意,但长期以来,我国农村集体组织的法律定位、构成要素、运行程序不明确,导致村委会或村民小组行使集体土地使用权和经营权的权责尚未界定,难以真正履行管理集体土地的职能而对入市决定准确把握和精准实施、最终作出入市决定。

(三)需明确集体经营性建设用地入市范围

有关集体经营性建设用地入市范围的问题主要包含两个方面:一是入市范围是否应仅限于存量集体建设用地;二是入市范围是否应仅限制于集体建设用地中,通过调整的方式实现其他种类土地入市是否合理。存量建设用地直接入市,农用地(需农转用的)作为新增建设用地入市(只转不征),部分地区将存量集体建设用地中经批准的公共设施用地和宅基地也纳入入市范围。农村土地可分为农用地、集体建设用地、未利用地(空闲地)。集体经营性建设用地就是具有经营性质的集体建设用地,除此之外,集体建设用地还包括宅基地、集体公共设施用地等具有建设用途的农村土地,而集体经营性建设用地与其他类型的建设用地的唯一区别便是可否入市进行交易。集体建设用地的增量其实只能来自两种地,即农用地和未利用地。通过改变农用地用途而产生集体建设用地将会破坏我国耕地稳定性,耕地红线是我国的生命线,在这一敏感问题上,农用地转化为集体建设用地应当受到严格管控,而未利用地转化为集体经营性建设用地只是促进了资源利用,不应过多限制。因此,立法应当分情况控制增量集体建设用地向经营性用地转变。土地建设往往涉及成片开发的情况,在面临整体项目难以分割必须使用其他类型土地时,土地调整便可很好地解决这一问题。但是该种调整必须以“耕地红线不突破、农民利益不受损”为前提,做到同等面积调换、同等质量调换,保障集体利益。

是否排斥“增量”建设用地?虽然中共中央办公厅、国务院办公厅2014年印发的《关于农村土地征收、集体经营性建设用地入市、宅基地制度改革试点工作的意见》曾将集体经营性建设用地入市的范围限定为“存量”集体经营性建设用地,但试点实践中诸多地方均有所突破,例如,河南长垣、湖南浏阳、广西北流、贵州湄潭等试点地方均将入市范围扩展至新增集体建设用地。新《土地管理法》之规定则未出现“存量”二字,故此这里的经营性集体建设用地不仅包括存量建设用地,也包括了经依法批准转用的新增集体建设用地。换言之,其判断土地类型的依据是规划而非现状。不仅如此,新《土地管理法》第23条第2款第2句“土地利用年度计划应当对本法第六十三条规定的集体经营性建设用地作出合理安排”的规定,也进一步明确表明新增集体建设用地被纳入了可入市的范围。故此,作为集体建设用地使用权的客体,在土地用途的类型上只需要其规划用途为建设用地即可,不需考虑“存量”与否,不排斥“增量”。

(四)需明确土地出让增值收益分配机制

收益分配其实是本次改革最为现实的内容,把收益分配好既是集体经营性建设用地改革的动力,也是改革的目标。集体经营性建设用地入市所涉及的收益分配主体主要有三方:国家、集体、农民(个人)。在前期改革试点中,国家提出了建立兼顾国家、集体和个人的土地增值收益分配机制,交易土地按照入市或再转让土地增值收益的20%~50%征收土地增值收益调节金的试点方案。试点地区根据国家试点方案,结合实际制定了不同的增值收益征收及分配标准,主要包括政府收取调节金的比例及土地增值收益在集体经济组织内部的分配和使用方式:一是按照入市土地用途和区位确定不同的调节金征收比例;二是按照出让和转让环节及用途确定不同的调节金征收比例;三是按照不同的入市方式和用途确定不同的调节金征收比例。归根结底,对入市土地征收增值收益调节金是试点期间的过渡性安排,随着农地入市的全面推开,调节金制度完成了其历史使命,应系统谋划、建立健全农地入市相关税费制度,探索土地增值收益调节金转税费的合理机制,建立公平合理的土地增值收益分配制度。

四、完善农村集体经营性建设用地入市操作规则的建议

(一)明确集体经营性建设土地入市主体

入市主体应为村集体经济组织或者村民委员会,村民委员会作为群众自治组织,参与市场行为存在诸多不便,由此,集体经营性建设用地入市实际主体多以村集体经济组织为主。试点实践中出现的农民集体委托

法定代表主体之外的其他主体开展入市的情形可归纳为如下几类:(1)上一级农村集体经济组织或村民委员会。如浙江德清、天津蓟州、安徽金寨等。(2)乡镇政府、街道办事处、乡镇农村集体资产管理部门或其代理人等。如湖北宜城、湖南浏阳、安徽金寨、河南长垣等都有类似规定。(3)乡镇政府下属企业,主要是指镇街资产管理公司。如浙江义乌、天津蓟州、陕西高陵等规定可以委托镇资产管理公司作为入市代理实施主体。(4)政府下属的事业单位性质的土地整备中心。广东南海成立区集体土地整备中心,通过收购、托管等方式对集体经营性建设用地予以整备后入市,入市时由整备中心与土地使用者签订合同。(5)若干个农村集体经济组织形成的联合体。北京大兴西红门镇由镇内各农村集体经济组织以土地使用权入股组建镇级土地联营公司,联营公司依据规划对土地进行整理后统一入市,入市时同样是由联营公司与土地使用者签订合同。(6)其他具有法人资格的市场主体。作为兜底性条款,大部分地方都规定可以探索由农民集体委托授权的具有市场法人资格的土地股份合作社、土地专营公司等作为入市实施主体,包括村内的一些专业合作社等,如广西北流。

然而在试点中普遍采取了委托第三人作为入市实施主体的做法,虽从理论上看,只要出于双方真实意思表示,农村集体经济组织完全可以将其入市权利委托给第三人代为行使,且任何民事主体均有资格成为受托人,但在法定代表行使机制下,农民集体的成员在行使土地所有权上本身就存在“间接性”,如果由法定代表主体再行对外委托,随着代表(代理)链条的延长,代理人偏离农民集体成员行事的风险就会增加。考虑农村社会治理的现实状况,为了避免真正的土地所有者被“架空”,笔者认为,应对委托入市实施主体的范围予以适当限制和规范:

第一,如果存在对应级别的农村集体经济组织且无市场主体资格方面的障碍,则应由该农村集体经济组织直接担任入市主体,不宜再行委托,至于其入市专业能力的不足,可以通过引入专业的第三方服务的方式弥补,而不是将其入市职责对外委托。此种情形下,入市主体和合同甲方仍为该农村集体经济组织。

第二,如果不存在相应的农村集体经济组织或者法定代表主体存在主体资格上的不足,则可以委托入市实施主体,以解“燃眉之急”,委托人和受托人之间的权利义务关系依据委托合同确定,在委托时土地使用权并不发生转移;从利益冲突考量,由于政府本身是集体经营性建设用地入市活动的规则设计者和监管者,行政机关(如乡镇政府、街道办事处等)不宜作为入市实施主体。

(二)明晰集体经营性建设用地产权登记

新《土地管理法》第63条第1款使用了“经依法登记的集体经营性建设用地”的表述。从理论上讲,只有土地所有权归属清晰,土地所有者才有权在其上设定用益物权,故此,新《土地管理法》第63条第1款的“经依法登记”首先应理解为土地所有权经依法登记。结合集体建设用地使用权设立的实际操作程序,进一步倡导甚至要求土地所有者在入市前先为自己进行集体建设用地使用权的首次登记具有独特价值:一是有利于在不动产登记簿上将交易标的特定化、明晰化;二是有利于保障“净地”交易,避免设权纠纷和强拆。

(三)完善农民集体决议程序与内容

1.规范农民集体决议程序

如果是以农村集体经济组织成员会议为表决主体的,可参照《农业农村部关于印发〈农村集体经济组织示范章程(试行)〉的通知》(农政改发〔2020〕5号)中《农村集体经济组织示范章程》第16条“成员大会由理事会召集,每年不少于一次。成员大会实行一人一票的表决方式。召开成员大会应当有三分之二以上具有表决权的成员参加。成员大会对一般事项作出决议,须经本社成员表决权总数过半数通过;对修改本社章程,决定相关人员取得或丧失本社成员身份,本社合并、分立、解散以及变更法人组织形式,以及集体资产处置等重大事项作出决议,须经本社成员表决权总数的三分之二以上通过”之内容开展相应的组织活动。如果是以村民会议(村民代表会议)或村民小组会议为表决主体的,则应按照《村民委员会组织法》和各地农村集体经济组织的管理规定执行(依据不同的情形而要求1/2以上或2/3以上);同意人员占到会人员之比例的要求则应统一按新《土地管理法》规定的“三分之二以上”执行,从而高于《村民委员会组织法》和一些地方农村集体经济组织管理规定中“过半数同意”的一般性规定。

2. 明确入市农村集体决议内容

新《土地管理法》只是笼统地要求集体经营性建设用地出让等需要经农民集体决议,并未明确决议的内容要素。充分保障农民的知情权是保障其决策意愿真实和决策结果理性的前提,表决的内容不应仅简单地包括是否同意入市等内容,而应包含与农民成员之利益有利害关系的一切重要信息。但由于入市交易过程历时较长,涉及土地开发整理、政府审批、谈判、签约、履约、登记等一系列环节,不可能与交易相关的每一个环节和每一个行为都要求农民集体予以表决。而且,考虑到诸多农民外出务工的状况,频繁召集全体村民会议在很多地方也不现实。结合试点探索情况看,兼顾公平与效率的方式是通过一次集体决议对有关事项予以“一揽子”表决,决议事项则至少包含如下三方面内容:(1)出让交易的核心要素,包括入市地块的界址、面积、土地用途、使用期限、规划条件、交易平台和交易方式(招标、拍卖、挂牌、协议等)、入市价格形成方式或机制(如评估价格、交易底价等)等;(2)初步测算的入市成本和收益,以及对纯收益的分配方案;(3)委托入市的,对入市实施主体的委托授权。《土地管理法实施条例》(修订草案)第39条要求表决的入市方案载明“宗地的用途、使用期限、交易方式、入市价格、收益分配等内容”,基本涵盖了表决事项应有的核心要素。

(四)明确集体经营性建设用地入市范围可用于商品住宅

对于集体经营性建设用地的使用范围,新《土地管理法》表述为“工业、商业等经营性用途”,由此引出是否可用于商品住宅开发的问题。课题小组认为,此处的“等”应解释为开放式的非完全列举,涵盖住宅等其他经营性的建设用途。理由如下:(1)允许集体经营性建设用地入市后用于住宅用途,可以更好地释放集体经营性建设用地的价值,是充分保障农民土地权益并实现集体建设用地与国有建设用地“同地同权”的要求;(2)允许集体经营性建设用地入市后用于建造住宅,也是响应党的十九大提出的“加快建立多主体供应、多渠道保障、租购并举的住房制度”的要求,有利于形成住宅用地多主体多途径供应的格局。而从集体经营性建设用地入市试点实践看,也存在入市后用于居住用途的情形。例如,2017 年 5 月 22 日,河南长垣浦东街道孔场村采用整治入市方式出让一宗土地,规划用途为商住,年限住宅 70 年,商业 40 年。[①] 另可见,将新《土地管理法》中“工业、商业等经营性用途”解释为包含住宅等其他用途,符合修法精神和实践需求。

(五)严格规范土地收益分配

笔者认为,应以农民利益为中心,着重从以下几方面建立并完善兼顾国家、集体和个人的土地增值收益分配机制:

1. 以税费的形式对集体土地增益收益进行调节

对于土地交易的收入,政府在现有的土地增值税、个人所得税、使用权变更登记费等税费形式外,建议增设新税种——集体土地入市所得税,对集体经营性建设用地入市所得征税。课题小组认为,应将集体土地入市所得税定性为一种所得税,征税对象是纳税人通过出让、租赁、作价出资(入股)等方式将农村集体土地入市所得,计税依据是将收入额扣除法定扣除项目(如成本、费用、税金、损失等)后的纯所得额。纳税主体为集体土地所有权人及法律规定的集体土地所有权行使主体。关于税率,因

① 宋志红、姚丽、王柏源:《集体经营性建设用地权能实现研究——基于 33 个试点地区入市探索的分析》,载《土地经济研究》2019 年第 1 期。

土地成交价格因不同地位、不同面积、不同用途等多种因素而差距较大，若采累进税率，较难确定累进级距和标准，故可采比例税率，由立法机关确定具体税率数额。在管理使用上，应将集体土地入市所得税定位为目的税，实行专款专用，用于农村基础设施、公益事业和土地开发等。

2. 强化对集体土地收益提留部分的指导规范

一是要明确农村集体提留的土地收益具体比例由集体决议决定。集体土地所有权制度以生产资料的社会主义公有制为基础，赋予土地目的性，使集体土地为特定群体所共同分享、使用、收益。农民集体的抽象性和模糊性所蕴含的制度逻辑是，不仅现有成员可以对集体土地分享、使用、收益，未来新增成员也可以分享、使用、收益。集体土地不是由某一时间点的集体成员所共有，所以集体土地收益不能全部用来向现有成员进行分配，必须提留一部分用于公共服务等事项。因此，立法应该对集体提留的最低比例进行规定。

二是要指导建立农民收益保障机制。土地作为农民主要的生产资料，是农民创造财富的载体。对于将集体经营性建设用地使用权出让入市的农民收益补偿问题和保障机制的研究工作非常关键。无论是农民自发出让使用权，还是政府征收集体土地，这两种形式本身都涉及拆迁和补偿等方面的问题，双方都会考虑自身利益，在很多情况下会出现矛盾与分歧。所以政府部门需要规范现有的土地入市行为，并注重农民补偿收益工作。在集体经营性建设用地使用权的出让方案确定后，地方政府需要进行公告，同时听取农村集体经济组织的意见。必要时还可以召开听证会，让某些服务机构参与到收益分配的过程中，保障各个参与主体的合法权益。

三是提高土地出让收入用于农业农村的比例。要坚持农业农村优先发展，坚持积极稳妥、分步实施，按照“取之于农、主要用之于农”的要求，调整土地出让收入城乡分配格局，稳步提高土地出让收入用于农业农村的比例，加快补上“三农”发展“短板”。明确以省(区、市)为单位提高土地出让收入用于农业农村比例的两种可选择的计提方式，明确土地出让收入用于农业农村支出的统计口径,建立市县留用为主、中央和省级适当统筹的资金调剂机制,明确允许各地根据乡村振兴实际需要,对土地出让收入进行整合使用,聚焦补"短板"、强弱项,明确加强对土地出让收入用于农业农村资金的核算。加强对于集体分享收益的监管,对于收益中用于养老和新农合等公益金等比例作出详细规定,要专款专户管理。

四是创新"区片 + 安置类型"综合测算模式。探索创新"区片 + 安置类型"综合测算模式的入市土地增值收益保障标准和征地补偿标准,从源头上保障了征收和入市两种模式的补偿基数的平衡,推动农民获得的征地补偿收益与入市增值收益基本平衡以及政府土地财政收入长期基本平衡,从试点实践来看,"三权分置"改革以来,农民获得的入市现金收益比改革前征地补偿现金收益提高 41.9%;获得的入市总收益比改革前征地补偿总收益提高 13.2%。

(六)建立健全市场交易规则和服务监管制度

1. 建立市场交易规则和监管制度

结合农村集体建设用地特点:一是普遍建立农村产权交易市场或将入市土地统一纳入当地土地交易市场,进行公开交易,探索入市土地的交易和监管制度,实行严格的规划管控机制,严格按照土地利用总体规划和城乡规划要求审批农村集体经营性建设用地入市地块。此外,自然资源和住建部门全程监控集体经营性建设用地入市申请、审核、批准、供地和开发利用等各个环节。二是建立统一基准地价体系和估价制度。各地建立了农村集体建设用地入市的基准地价体系,有的地区对租金体系也作出了规定,为农村集体建设用地入市前的价值评估提供了科学的依据。对于入市价格,多地明确规定需委托具备资质的地价评估机构评估确定,有的地区还要求每个地块必须选择两家以上评估机构进行估价,以保证评估价格的客观性。同时,继续推动集体建设用地与国有土地"同权同价"。"同权同价"是建立城乡统一建设用地市场的基础,目前农村土地入市后与国有土地在用途上的存在诸多差异,实现"同权同价"的权能基础尚有待进一步夯实。三是实行有效政府调控。在充分掌握各类各区域用地需求的基础上,将农村集体建设用地供应与国有建设用地供应作为统一整体,统筹国有与集体土地供应的数量、用途和时序,实施城乡建设用地年度供应计划统一管理。宁夏平罗对入市事项和入市收益分配方案,要求必须通过村民一事一议代表会议进行民主决策,经本集体经济组织2/3 以上成员或成员代表同意形成入市决议后才可入市。

2. 进一步规范交易流程

建立“信息流通—项目申请—达成意向—签订合同—交易监管”的农村集体经营性建设用地入市交易流程。在开始阶段,交易双方可通过土地二级交易平台或区相关集体建设用地入市流转资料库等渠道发布和获取市场信息;可自行协商交易,也可委托二级市场交易平台公开交易;达成一致后签订合同,依法申报交易价格,申报价格比标定地价低 20% 以上的,市、县人民政府可行使优先购买权以此建设社会基础建设设施。各地方政府更要加强交易事中事后监管,对于存在违反有关法律法规或不符合出让合同约定、划拨决定书规定的,不予办理相关手续或者予以行政撤销该决定。在执行过程中,要不断加大监督力度,以专业化、有力化的监督管理机制,为扎实推进集体经营性建设用地入市提供保障。

结　语

习近平总书记指出,乡村振兴要用好深化改革这个法宝。土地是财富之母,土地制度改革是农村的基础性改革。土地是乡村振兴的核心资源,盘活农村土地,让“沉睡资产”焕发新的生机。农村集体经营性建设用地入市,推动“同价同权”,是通过土地的改革向农民集体“还权赋能”并增加农民的土地财产权利,可以让农村集体的土地更有“含金量”和“含权量”,进一步打破城市二元结构,推进城乡一体发展。

农村集体经济组织成员资格认定的立法权限与标准

杨述兴　刘雨璇*

摘　要：本文从农村集体经济组织成员资格认定的重要性入手，探讨作为特别法人的集体经济组织及其成员的联系，结合成员资格认定的现实价值，肯定我国需尽快确定集体经济组织成员资格标准。同时对我国集体经济组织成员认定现状进行分析，综合当前各种认定标准的差异，通过分析地方规范性法律文件归纳出对成员资格认定的单一标准和复合标准，认为目前我国区域性集体经济组织成员资格的认定一般采纳"户籍＋"标准。进而提出认定集体经济组织成员资格的建议，即以"户籍＋基本生活保障"作为成员资格认定的标准。

关键词：集体经济组织；成员资格；立法权限

随着深化农村集体产权制度改革的不断推进与发展，农村集体经济组织立法成为面对土地承包纠纷、土地征收问题、宅基地确权等绕不开的基础问题，其中的关键是成员资格的界定。

农村集体经济组织成员资格（以下简称成员资格）立法不仅具有理论

* 杨述兴，中国农业大学人文与发展学院副教授；刘雨璇，北京市丰台区人民法院。

意义,更有实践价值,目前已形成了许多理论成果,也积极开展了相关实践探索。笔者以认定成员资格的理论意义和现实价值为出发点,结合农村集体经济组织的民事地位,从实现特别法人制度功能的角度将农村集体经济组织本身和其成员联系起来,通过我国成员资格认定标准制定的法律现状,探讨我国在这个问题解决上的立法困境,以立法权限为落脚点对认定标准进行选择,以期对农村集体经济组织立法有所思考。

一、农村集体经济组织成员资格认定——利益分配问题的制度基础

(一)成员资格认定的现实价值

成员资格认定问题的凸显关乎农村土地价值变动,制度性收益价值逐渐在城市化进程中更为突出,农地改革的进一步推进需要进行成员资格认定,这对于承包地和宅基地“三权分置”的制度构建也具有一定的理论价值。成员资格是土地征收补偿纠纷的争议焦点,是集体产权改革的关键环节。[①] 根据《农村土地承包法》第5条的规定,农村集体经济组织成员有权依法承包由本集体经济组织发包的土地,表明可以承包土地的前提是具有成员身份。因此,成员资格的认定在农村集体产权制度改革中起着基础性作用[②],同时,成员资格认定具有很强的现实意义,有利于妥善解决实践中产生的人地矛盾和土地承包纠纷,应该受到重视。

经济的高速发展给我国农村地区带来可喜改变,但这同时也是成员资格认定矛盾越来越突出和紧迫的根本原因,作为上层建筑的农村经济制度改革落后,城乡二元化差距扩大则是基础性原因,城市化、现代化发展带来的农村土地征收则是导致与成员经济利益相关的成员资格认定问

① 刘竞元:《农村集体经济组织成员资格界定的私法规范路径》,载《华东政法大学学报》2019年第6期。

② 贺福中:《农村集体产权制度改革的实践与思考——以山西省沁源县沁河镇城北村为例》,载《经济问题》2017年第1期。

题越来越重要的直接原因。[①] 成员身份具有人身属性，一旦获得就可以享有本集体经济组织的利益分配权（抽象上的分配权），[②]所以成员资格认定与收益归谁的问题有关。集体资产收益分配的前提条件是具有成员资格，基于这种身份资格，成员能够享受一定的财产利益，提高农民自身收入。[③] 成员资格认定的这些现实价值要求我们必须处理好这个基础问题，否则极易引起个人和集体的矛盾，影响农民的生产生活以及农村地区的稳定。

（二）作为特别法人的集体经济组织

从法律上看，《民法典》第96条将农村集体经济组织纳入特别法人之列，这是法律对农村集体经济组织民事地位的定位。

农民在集体中拥有成员资格，成员资格连接了农民个人与农民集体。成员存在于集体关系之中，其部分利益必须通过集体这个组织体才能得以实现。集体所有权制度设计通过法律将村社利益整体性地归属于农民集体，但近年来，法律和政策都更加注重对成员利益的维护和支持。这种因拥有某种特定的身份、取得自益和共益资格从而获得的权利也被称作“成员权”，成员权是农民在农村集体关系中享有成员主体地位和利益份额（虽然不能随意、随时划分）的法律资格，可使集体权益更好地落实到农民，实现土地作为农民基本生活保障的功能实现。[④] 成员权的承认同时也肯定了农民在集体中的主体地位。集体是成员的集体，不能脱离成员利益而存在，农民个人利益的获得与集体利益不能分离，个人利益也存在于集体之中。确定成员资格之所以广受重视，是因为成员身份的不明确必将造成农村集体经济组织难以在实践中独立存在及正常运转，确立其为

---

① 杨攀：《农村集体经济组织成员资格标准的法律分析与实践》，载《西南政法大学学报》2011年第3期。

② 吴春香：《农村集体经济组织成员资格界定及相关救济途径研究》，载《法学杂志》2016年第11期。

③ 谢怀栻：《论民事权利体系》，载《法学研究》1996年第2期。

④ 童列春：《论中国农民成员权》，载《浙江大学学报（人文社会科学版）》2015年第2期。

特别法人的制度功能的实现也会受到影响,容易被村委会所替代,不能起到农村集体经济组织本应有的作用。

作为特别法人的农村集体经济组织,在法律上获得了民事主体身份,确定一个客观且合理的成员资格认定标准,是农民在集体经济组织中得以享有成员权的前置性条件。缺乏明确、科学的成员资格认定和退出机制将带来组织内部成员身份的混乱,导致集体利益分配的不公与矛盾。[①]与传统法人的成员身份不同,取得农村集体经济组织成员的身份,不仅等同于确立农民职业身份,更是农民的一种基本民事权利,除可以获得集体内的基本生存保障之外,还可因集体土地使用权的转让、城市化产生的农地征收等,为成员带来经济利益。

农村集体经济组织作为与既有的传统法律主体存在较大区别的"特别法人",其特殊性体现在主体身份属性、功能目标定位、内部治理结构等多方面,且涉及的农民集体所有制体制和农村集体产权制度改革内容庞杂,难以直接纳入既有法律框架之中,需要进行专门立法。同时为了更好地维护成员的权益,应当将成员权在专门立法中明确规定,将之上升为一项法定的基本民事权利。[②]

二、成员资格认定的单一标准和复合标准

(一)区域性划分的标准差异

集体经济组织成员身份的认定标准缺乏法律层面的明确规定。《农村土地承包法》第69条规定确认农村集体经济组织成员身份的原则、程序等,由法律、法规规定。但目前我国没有制定出统一的认定成员资格的法律标准,多是各地自行制定相关法律文件,且因实际情况不同,各地制

① 刘宇晗:《农地"三权分置"视域下农村集体经济组织法人制度的完善》,载《山东大学学报(哲学社会科学版)》2019年第4期。

② 韩俊英:《〈农村集体经济组织法〉的立法路径与方案设计》,载《农村经济》2019年第2期。

定出的标准也不一致。从成员身份认定标准决定要素的数量多少上看，集体经济组织成员资格确认标准主要有两种学说模式：一是“单一标准说”（“户籍说”），即将主体是否具有农村集体经济组织所在地户籍作为判断其是否具有其成员身份资格的唯一要素。二是“复合标准说”，即以综合因素来进行判断，常见的判断标准包括是否具有户籍、是否在本集体经济组织所在村集体长期生产生活、是否与本集体经济组织形成土地承包上的权利义务关系等多种。虽说是综合考虑多种因素判断，但户籍因素仍在这些综合因素中占据十分重要的主导位置，所以这种模式也可以称为“户籍+”模式。

在地方立法上，部分省市出于实际需要，在一些地方规范性文件中对成员资格的认定标准作出了符合地域情况的规定。例如，《四川省农村集体经济组织成员资格界定指导意见》规定需要考虑户籍关系、土地承包关系、居住状况和义务履行情况；《浙江省村经济合作社组织条例》第17条确立了“户籍+多因素”的一般标准；《湖北省农村集体经济组织管理办法》第15条确立了“户籍+年龄”的单一标准；《广东省农村集体经济组织管理规定》第15条规定以“特定身份+户籍+履行相应义务”为一般标准，以“村民自治确定”为补充标准；《山东省实施〈中华人民共和国农村土地承包法〉办法》规定了“户籍+多数同意”标准。通过上述地方文件可以看出，在现阶段没有法律规定成员资格认定标准的情况下，地方上为解决在实践中出现的以成员身份确认为基础前提的问题和纠纷，已先行根据本地实际情况作出了一些原则上的规定，但考量的具体因素多有不同之处。

一些地区的法院也出台了相关文件指导。例如，《天津市高级人民法院关于农村集体经济组织成员资格确认问题的意见》第1条综合考虑了三点因素，即户籍、本集体经济组织生产生活、以本集体经济组织土地作为基本生活保障；《陕西省高级人民法院关于审理农村集体经济组织收益分配纠纷案件讨论会纪要》明确认定的一般标准为“生产生活+户籍+形成权利义务关系”;《重庆市高级人民法院关于农村集体经济组织成员资格认定问题的会议纪要》以“固定的生产生活+生活保障+户籍”作为成员资格认定的基本原则。虽然通过这些文件可以看出各地的认定标准存在差异,但也存在共同之处,即这些文件都要求在开展成员资格评定时,兼顾各类成员群体,特别是妇女儿童等弱势群体的利益。

可见,成员资格认定中具有显著地位的是户籍因素,大部分文件都会将户籍作为重要的考量因素,但户籍之外的考量因素却纷繁复杂,而且随着户籍制度改革,欠缺“户籍”也并不必然导致无法具有成员资格的结果。可见,确定统一的认定标准以解决成员身份认定问题还是难以自发实现,由于地区经济发展不平衡、地域特色不同等多种原因,在现阶段的农村社会实践中缺乏基本共识,选择“户籍+”这种复合标准的地区较多,但“+”的要素是什么,还有待统一。

在过去,一般认为,成员资格的取得主要有以下三个认定标准:户籍,以土地为生活来源,享有土地承包经营权。并不需要同时满足上述三个条件。其中,根据户籍来认定是不是成员,最为常用和通行。①

在户籍制度影响下,认定具有成员身份资格凭据的核心要素就是具有村集体户籍,它不仅反映了成员与村社的历史联系,是一种家庭代系传承,同时也是不同地域最常见的共性要素。如今,虽然对户籍的确认仍然是认定成员资格的重要衡量条件,但已不是唯一标准。可以说,以单一因素来认定成员的模式已不再适应我国农村的发展和集体产权制度改革的需要。

(二)认定困境

由于涉及权利的享有,成员资格的认定不仅是一个法律问题,其往往伴随价值衡量以及维护公平正义的基本要求,需要综合考虑许多因素,如

---

① 任丹丽:《关于集体成员资格和集体财产权的思考》,载《南京农业大学学报(社会科学版)》2008 年第 1 期。

对弱势群体、特殊群体的保护。此外，对户籍登记、生产生活关系、基本生活保障等因素的考虑，以及当多个因素未同时符合时如何权衡每个因素所占的权重关系，都是制定标准的难题。是需要全国统一的标准还是允许地方制定具有区域特色的法规，则是对立法权限的探讨。这些问题都是目前成员资格认定的困境，也是作为直接关系宅基地使用权、土地承包经营权及其他农村集体资产收益分配权获得的成员资格认定标准立法迟滞多年的原因。

此外，还要注意成员资格认定对弱势群体权利的影响。由于受传统思想的影响，通过制定村规民约的方式限制“外嫁女”“入赘婿”等特殊群体的成员资格也不是个例，因此导致了很多纠纷。妇女土地承包权益纠纷的根源是认定妇女是否具有成员资格。对外嫁女的立法保护虽不断进步但仍有不完善之处，未及时进行成员资格认定标准的立法就是影响因素之一。[①] 农村妇女获得土地权益主要依赖成员资格的认定[②]，剥夺外嫁女的土地，本质上是因为不认同妇女在出嫁后还具有本集体的成员资格。[③]

单一标准无法回应成员身份界定的复杂性，主流观点多支持采用复合标准来认定成员资格，“户籍＋基本生活保障＋其他因素”的复合判断标准在学界的认同率较高。《中共中央、国务院关于稳步推进农村集体产权制度改革的意见》认为成员资格的确认应统筹考虑户籍关系、农村土地承包关系、对集体积累的贡献等因素。但没有针对上述几个因素的参照优先性和具体实施方法进行详细规定。在此之后，关于“户籍”与“基本生

① 韦志明：《村民自治下外嫁女问题的困境、挑战与出路》，载《贵州民族研究》2019年第7期。

② 王竹青：《论农村妇女土地权益法律保障的体系化构建》，载《妇女研究论丛》2017年第3期。

③ 肖新喜：《论农村妇女土地承包经营权的保护——以承包经营权变动机理与承包经营权物权效力的冲突解决为视角》，载《河北法学》2011年第11期。

活保障”哪个才是最基本的判断原则,学界争议比较大。①

现阶段通过地方立法、人民法院司法文件和村规民约来确立成员资格认定标准,本身也造成了许多问题,如规范效力层次低且缺乏制定依据、社区自治程度高而缺乏有力制约、认定标准不统一而缺乏基本共识。这些也是在选择资格认定标准时应克服的难点。

三、成员资格认定标准的选择

成员资格的获得与权利的享有具有同一性,因此选择成员资格认定标准要慎之又慎。在法律没有出台前,当前主要是通过地方立法、人民法院司法文件和村规民约来确立成员身份的认定标准,这种方式是否合法、内容考量是否合理,仍值得商榷。

(一)立法权限

1.法律规定还是地方性法规规章规定

成员资格认定涉及集体经济利益分配,究竟属于村民自治范畴,还是应该由法律规定或者通过地方规范性文件界定,也即集体经济组织在成员界定上有没有自主权的问题。当前,在成员资格的认定标准方面,能在全国统一施行的法律和行政法规均处于缺位状态,现有的规范性文件多是地方性法规和地方政府规章、最高人民法院出台的民事司法政策和地方法院发布的“司法解释性质文件”,它们的规范效力层次低。更为关键的是,从《立法法》的规定上看,这些规范性文件的出台没有制定的法律依据。

以地方性法规和地方政府规章来规范成员资格的认定超越了立法权限范围。因为其不属于地方性法规可作出规定的事项(根据《立法法》第72条、第73条和第82条的规定)。成员资格的认定属于民事基本制度的范畴,根据《立法法》第8条和第9条的规定,只能在制定法律之前授权国

① 秦静云:《农村集体成员身份认定标准研究》,载《河北法学》2020年第7期。

务院就部分事项先制定行政法规。《农村土地承包法》第69条肯定了确认农村集体经济组织成员身份的原则、秩序等,由法律、法规规定。可见,有关成员资格的认定从其性质和内容上看不属于地方性事务,不应由地方性法规、地方政府规章规定。但是至今,国家立法机关尚未就此出台相关法律规定。[①]

2. 法律规定还是村自治章程规定

在农村地区,村民自治的实现需要依靠村规民约的制定和执行,村民自治是在中国特色社会主义制度探索中创建起来的民主制度形式,将村民民主选举、决策、管理和监督有机统一起来,在符合法律、法规和政策要求的前提下,结合本地域实践情况,建立起符合本村实际的村民自治章程是民主管理的重中之重。村民自治章程可被通俗地称为"村规民约",广义的村规民约通常还包括村民会议或者村民代表大会讨论决定的事项。[②]村民自治章程是需要全体村民自觉遵守的行为规范,以成文规定的形式在每个村集体内部民主治理中扮演着约束村民行为、维护村民权利的重要角色,其不仅具有解决村集体内某些民事纠纷的"私法"功能,更承载着实现村民自治的使命,同时在司法实践中可为法院解决村务纠纷提供事实上的根据。[③] 村民自治章程的制定和村民自治制度的落实在农村社会发挥了巨大的作用,体现在解决村民纠纷、管理农村基层社会、维护村社稳定和谐等方面。

但村民自治过程中作出的决定或村民自治章程的作用是有限的。它们仅是自治团体内部约束村民行为、赋予村民一定权利的私法规范,不是我国法律体系的法律渊源。《村民委员会组织法》第27条规定了村民自

① 高飞:《农村集体经济组织成员资格认定的立法抉择》,载《苏州大学学报(哲学社会科学版)》2019年第2期。

② 侯猛:《村规民约的司法适用》,载《法律适用》2010年第6期。

③ 刘志刚:《民事审判中的村规民约与基本权利》,载《中国人民大学学报》2010年第5期。

治章程、村规民约不得与宪法、法律、法规和国家的政策相抵触。[1] 由此可知,村民自治章程的制定并不是不受任何限制,完全按照地方意思自治随意进行规定的,其需要遵循法律规范,一旦其设置的权利义务超出了法律允许的范围,与现行法存在冲突,便失去了约束力和效力。[2] 同时,村民自治章程也不能侵犯村民的包括人身、财产在内的各项权利。由于或多或少受到农村根深蒂固的传统认知影响,村民自治章程对成员资格的认定有可能存在违法或不合理的情形。

由于立法不够完善、经济利益影响、传统思想不易撼动等因素的存在,共同导致了一些地区普遍存在以村规民约来认定成员资格的现象。在相关法律制定不够完善的特定背景下,为了解决实际问题而用村民自治章程来认定成员资格的方式只能是退一步的办法。为了促使成员资格的合理界定,亟须尽快填补国家层面的相关立法空白,加强法定干预以规范村民自治。

成员资格也可看作一种关系农民基本民事权利享有的资格权,直接关系着农民的生活保障和收益,对其资格的认定超出了可以由自治决定的"村民自己的事情"的范围,以村规民约或村民自治章程作为成员身份认定标准的依据并不合适,且也不符合立法的要求,从而需要制定法律用以进行规范。[3] 通过国家立法机关出台专门的法律法规,能够赋予相关职能部门对成员资格界定进行监督和干预的权力,从而可以有效避免多数人通过自治之名侵犯少数人合法权益造成集体自治权滥用的发生。

在成员资格认定立法缺失的背景下,村规民约或村民自治章程虽然存在诸多局限性,不应该也并不适合作为成员资格认定的依据,但不能否

---

① 根据《村民委员会组织法》第27条第2款的规定,村民自治章程、村规民约以及村民会议或者村民代表会议的决定不得与宪法、法律、法规和国家的政策相抵触,不得有侵犯村民的人身权利、民主权利和合法财产权利的内容。

② 崔智友:《中国村民自治的法学思考》,载《中国社会科学》2001年第3期。

③ 管洪彦:《村规民约认定农民集体成员资格的成因、局限与司法审查》,载《政法论丛》2012年第5期。

认的是,实践中其的确在现阶段的成员资格认定过程中发挥着重要作用,这也是理论和现实的冲突。本文认为,从立法层级上看,成员资格认定不应由自治章程规定,根据《立法法》第8条的规定,由全国人大或全国人大常委会作出相关法律规定才是当务之急。

(二)资格认定标准——统一的标准还是区域标准

通过上文分析,可以看出在成员资格认定上,各个地域大多都采用综合性的复合认定指标,其中户籍是各地基本都采用的指标,而在其他指标的选择上各地存在明显的不同。造成这种区别的原因在于各地的经济发展、历史进展、文化传统等都存在明显的差异,这种显著差异同时也严重制约了国家层面统一的成员身份认定标准的制定。各地根据自身的区域特点制定相应的标准进行成员资格认定虽然可能更适应当地的发展情况,但从长远来看,成员资格的认定涉及公民基本民事权利,还是应该由国家层面的统一立法来规范。

随之而来的问题是,统一立法应该选取何种标准来认定成员资格。笔者赞同成员资格认定的核心是个体能否获得可替代性基本生活保障,同时也不能忽略户籍的重要性。从立法目的来看,保障农民的土地权益就是保障农民的生产生活,稳定土地承包。认定农民具有成员资格,就是认可农民可以承包土地,可以拥有宅基地,可以获得土地补贴和补偿款,可以参与集体经济组织利益的分配。这些归根结底是为了保障农民的生活,所以土地是否为农民仅有的基本生活保障和农民的户籍归属,应是认定农民是否属于集体经济组织成员的重要标准。

这一标准率先反映在司法文件上。最高人民法院《全国民事审判工作会议纪要》(2011年)第13条提出要综合考虑当事人生产、生活状况,户口登记状况,农村土地对农民的基本生活保障功能等因素予以认定,并以当事人是否获得其他替代性基本生活保障为实质性要件。《全国民事审判工作会议纪要》进行了重申。也就是说,"基本生活保障"应是界定成员资格的核心标准,对于确以土地作为维持其基本生活和主要收入来源的人员,即使户籍不在本集体经济组织,也应当认定为该集体经济组织成员。[①] 这种指导也在一些地方出台的文件中得到反映,《天津市高级人民法院关于农村集体经济组织成员资格确认问题的意见》认为在"户籍"、"生产生活"和"基本生活保障"这三个条件中,前两点是成员身份的主要表现形式,第三点才是起到决定作用的本质特征。

土地承包权益纠纷的根源在于成员资格的确认,成员资格认定也是农村集体产权制度改革的基础性工作。解决这个问题,有利于维护农民的基本权利和切身利益,也有利于稳定土地承包。但是目前,关于成员资格的认定未制定全国层面的统一规范,多是各地根据实践情况自行规定。在成员资格的认定中引入基本生活保障因素,从而对单一的户籍标准进行修正,确立成员资格认定的特殊标准,极具现实意义。综上所述,笔者认为,"户籍+基本生活保障"的复合标准应为成员资格认定的出发点和落脚点。

① 戴威:《农村集体经济组织成员资格制度研究》,载《法商研究》2016年第6期。

智能时代农村老年群体社会参与的困境及其法律规导[*]

刘　建[**]

摘　要：数字技术给人类的生产生活带来了巨大便利，它正以新理念、新业态、新模式全面、全过程地融入人类社会、政治、生态文明建设、文化等领域，宣示着数字时代的来临。但是，老年群体因掌握智能化技术存在困难，反而感到诸多不便。农村老年群体掌握智能化技术的状况堪忧。在“积极老龄化”理论的指导下，应提高农村老年群体的生活质量，促进他们广泛而有效地参与社会。在阐释老年群体社会参与的基础法理、借鉴国外老年群体社会参与法制的基础上，从介入角度、角色角度、活动角度、资源角度构筑“立”“保”“消”“助”“学”“救”六维法治保障体系，进而实现智能时代我国农村老年群体社会参与的法律规导。

关键词：智能时代；农村老年群体；社会参与；法律规导

一、问题的提出

跨界融合和人机协同随着互联网、超算、大数据、区块链等新兴科学

---

* 中国政法大学大健康法治政策创新中心一般科研项目“智能时代老年人社会参与的困境及其法律因应研究”（项目编号：Y2020001）阶段性研究成果。

** 刘建，中国农业大学人文与发展学院法律系副教授，山东大学老年法治研究中心特聘研究员。

技术的发展而出现,带领人工智能的全球发展进入了一个崭新的阶段,体现了集体智慧和开放性等新特点,改变了人类生活,并对许多领域产生了革命性影响。然而,技术就像一把“双刃剑”,在给人类文明带来进步的过程中伴随危机和痛苦。人工智能是一场新的科技革命,在为制度发展带来智慧动力的同时[①],也因其本身的特性给部分群体带来了困扰。扫码出行、移动支付、线上挂号等这些原本给人们带来便利的智能时代的产物,却成了一些老年人难以跨越的“门槛”。由技术产生的纠纷日益增多,限制了老年群体社会参与的广度和深度,严重影响了社会治理的质量和效益,已成为社会不和谐的音符。以智能手机为例,第45次《中国互联网络发展状况统计报告》显示,截至2020年3月,我国网民为9.04亿人,其中60岁及以上网民群体占比最少,为6.70%。[②] 而第七次人口普查显示,我国60岁及以上人口为264,018,766人,占比为18.70%,其中65岁及以上人口为190,635,280人,占比为13.50%。[③] 这意味着有相当多的老年人在数字时代已经成为“社会局外人”。[④] 现实生活中,对于老年群体而言,有些人工智能产品不仅没有给他们带来福祉,反而带来了不便,甚至是灾难,[⑤]尤其是农村老年群体。与城市老年人相比,农村老年群体具有以下特点:一是多数没有固定的经济收入来源;二是文化素质普遍低于城市老年群体,获得和享受精神食粮(小说、媒体、报纸等)的能力要低得多;三是居住分散,数量庞大。尽管目前我们还处于弱智能科技阶段,然而,由于

---

① 卞建林:《人工智能时代我国刑事诉讼制度的机遇与挑战》,载《江淮论坛》2020年第4期。

② 王依依、郭晓薇、刘也良:《打碎“智能墙”——“数字鸿沟”下的老年人》,载《中国卫生》2021年第3期。

③ 国家统计局:《第七次全国人口普查公报(第五号)》,载中国政府网,http://www.gov.cn/xinwen/2021-05/11/content_5605787.htm。

④ 沈慎:《人民网评:智能化时代,老人怎能成为“社会局外人”》,载人民网,http://opinion.people.com.cn/n1/2020/0818/c223228-31826819.html。

⑤ 李翌萱:《人工智能时代老年人社会参与的价值审视和伦理思考》,载《自然辩证法通讯》2021年第6期。

科技具有长期积累和短期爆发的特点，强大的智能技术时代可能会到来，我们应当以前瞻性的视角来看待智能技术及其发展，例如，对老年群体适应性的冲击，如何应对特殊群体的正常需求；如何解决智能时代老年群体没有智能手机的问题；如何帮助老年群体适应数字化的智能时代。这不仅是知识生活惠及更广泛群体的必然要求，更是应对老龄化社会到来的客观需要。[①] 我国已由老龄化社会转向老龄社会，无论是让老年群体更好地安度晚年，还是促进社会平稳有序发展，皆需城乡老年群体的参与。如何从法律维度破解智能时代农村老年群体社会参与的难题并补充、克服和完善相应的权益保障规范，是本文期冀实现的目标。

二、智能时代给农村老年群体社会参与带来的冲击是日益凸显的社会问题

智能时代的数字技术在某种程度上最容易对农村老年群体这一群体施加不确定性影响，这一背景下相应的社会问题也在老年群体的社会参与中显现。

（一）老年群体社会参与问题凸显的时代背景

当下，我国正处于老龄化快速发展阶段，预计“十四五”时期，60 岁及以上老年人口总量将突破 3 亿，占比将超过 20%，进入中度老龄化阶段。2035 年左右，60 岁及以上老年人口将突破 4 亿，在总人口中的占比将超过 30%，进入重度老龄化阶段。[②] 与此同时，随着生活水平的不断提高，老年人退休后的平均寿命也在不断延长，很大一部分老年人或者不想和子女住在一起，或者想自己追求独立，导致我国独居和空巢老年人越来越多。如此，老年群体的社会参与问题便日益凸显。2002 年联合国第二届

---

① 潘慧琳：《智能化时代，请等一等老人》，载《决策探索（上）》2021 年第 2 期。

② 尤方明：《国家卫健委：2035 年左右我国将进入重度老龄化，预计老年人口规模在 2050 年左右达峰》，载 21 经济网，https://www.21jingji.com/article/20220920/herald/9c4013089f63e1de9a13712fc5fe414d.html。

世界老龄大会发表的宣言提出,需要力求让老年群体充分融入社会、参与社会中,这样既能让老年群体更好地服务于社区和社会的发展,也能更好地照顾老年群体。

基于此背景,对于老年群体社会参与的帮助和关注,成为我国应对人口老龄化的基本举措。在老龄化日益加重的今天,老年群体的社会参与问题能否得到有效解决,直接关系我国民众的福祉和社会的和谐稳定。

那什么是老年群体社会参与[①]呢?学界并未达成共识,人们虽然广泛关注老年群体的社会参与问题,众学者也纷纷探讨其内涵所在,但是对社会参与的概念界定仍然是模糊的。笔者认为,老年群体社会参与是一个非常综合性的概念,可以通过考量老年群体参与的活动是否具有相关特点来判断老年群体所实施的行为是否为社会参与。老年群体所参与的活动只要能够满足社会性和互动性两个特点,皆可视为社会参与。

(二)保障农村老年群体社会参与的意义

对老年群体社会参与权相关理论进行深入研究和探讨,有助于进一步完善老年群体权利保护的整体框架,进而更好地解决国际与国内所面临的老龄化问题,具有重大现实意义。首先,是全球应对老龄化的基本出路。放眼全球,人口老龄化是一个普遍趋势,需要各方面协力推动来保障老年人的相关权益。根据预测,到2050年,全球60岁以上的老年人会增

---

① 有学者通过对国外学者关于社会参与的研究,提出了老年群体社会参与的定义,认为对社会参与的研究可以从以下四个角度进行:(1)介入角度。社会参与是指人们对各种社会活动、社会团体的介入程度。(2)角色角度。社会参与是一个由正式的和非正式的社会角色所组成的多维建构。(3)活动角度。社会参与是指个人和他人一起参加的活动。(4)资源角度。社会参与是指在社会层面对个人资源的分享。因此老年群体社会参与的定义就是"参与者在社会互动过程中,通过对各种角色的扮演和介入,在社会层面上实现资源共享,满足自身需要并因应社会期待"。张恺悌、姚远则更进一步提出"社会参与是指参与者在社会互动过程中,通过社会劳动或社会活动的形式,实现自身价值的一种行为模式",并认为这一概念有三个核心内容:一是社会参与是社会层面的;二是社会参与是与他人联系的;三是社会参与是体现参与者价值的。转引自王莉莉:《中国老年人社会参与的理论、实证与政策研究综述》,载《人口与发展》2011年第3期。

加到20亿，老年人口届时会占到全球总人口的22%。[①] 毫无疑问，随着老年人口的不断增多，与之相关的社会问题也会大量涌现，随着与经济全球化、市场化和政治民主化等发展轨迹的共振，人口老龄化日益成为需全球共同面对的问题。为此，国际上也陆续提出了不同的解决办法，如健康老龄化、成功老龄化和积极老龄化等，主要是希望能够通过这些理念和措施去有效保障老年人的相关权益，同时解决人口老龄化所带来的诸多问题，如社会的不稳定和经济滑坡等。其中促进老年群体社会参与在各国政策方针中均有提及，足以证明社会参与对于解决人口老龄化问题的重要性和迫切性。

其次，有助于维护经济发展和社会稳定。农村老年群体资源具有独特的优势，即经验优势、智力优势和文化优势。通过强化老年群体的经济参与，可增加人力资源供给，并增加老年群体收入，降低子女养老负担，维持经济与社会系统的平稳运行。与此同时，保障老年群体的社会参与权还能够调节因为年龄差异造成不同群体之间的矛盾和利益冲突，促进社会的稳定。

再次，有利于家庭和谐。老年群体参与社会中，既能充实生活内容，还能不同程度地缓解家庭负担，有助于增进家庭和谐。同时，老年群体社会参与也有助于促进代际和谐。通过与社会联系，不断地学习新知识、新思想、新技能，能有效减少老年群体与年轻人的隔阂。

最后，农村老年群体参与社会有利于提高他们的生活质量和幸福感。[②] 农村老年群体的社会参与一方面有利于补贴他们自己的生活；另一方面，可以在一定程度上缓解老年群体的精神孤独感。老年群体在持续地参与社会活动的过程中，可以充分地感知社会的发展、变迁，与时代发

---

① 杜燕：《全球60岁以上老人2050年将增至20亿》，载中国新闻网，http://www.chinanews.com/sh/2012/04-06/3801671.shtml。

② 李翌萱：《人工智能时代老年人社会参与的价值审视和伦理思考》，载《自然辩证法通讯》2021年第6期。

展同频,才不会感到被时代抛弃,才会感到自己的生活还有一定的内容、目标和社会价值。老年群体的社会参与会使其能力和价值得到展现,促进自我实现,从而感到愉悦、幸福,自然也使老年群体不会和社会脱节,增强其社会参与意识,有助于让他们感受到社会的温暖,从而提高幸福感,更好地度过晚年。

综上所述,保障老年群体,尤其是农村老年群体社会参与的权利不仅有助于提高老年群体的生活质量,而且有助于减轻人口老龄化带来的经济社会问题,还有助于促进社会和国家的全面发展。

(三)智能时代下农村老年群体社会参与的困扰

科技让生活更美好。智能技术的普及便利了民众的生活,降低了社会交易成本。然而,不容忽视的是,在智能时代,老年群体因对智能技术掌握的欠缺,不但不能享受到智能带来的便利,反而遇到了许多不便。智能导航、视频聊天、网约车、移动支付……这些智能化的便利却令很多老年人陷入窘境。《扬州日报》曾报道了一对老年夫妇所遇到的"智能窘境"。该对夫妇在扬州市区某医院就诊的过程中,由于可现金租借的轮椅已被借完,只剩下需要手机扫码才能租借的轮椅。而老大爷不会使用扫码支付,只能"望码兴叹",一路背着老伴挂号看病。①

当今智能时代,数据与信息遍及社会各个角落,老年群体被边缘化的问题日益凸显。一方面,老年群体的适应能力和学习能力比较弱;另一方面,老年群体对高科技及电子产品普遍存在畏难心理。对农村老年群体而言,除了前两点之外,还受经济条件的制约、从事农作、料理家务、照顾孙辈等因素的影响。

老龄化程度日益加重,但老年群体使用智能产品尚不普遍。从老年群体自身角度而言,主要包括不会操作、看不清文字、记忆力减退、排斥心

① 盛会:《智能时代不能让老人掉队》,载人民网,http://health.people.com.cn/n1/2018/1113/c14739-30397086.html。

理等。从智能产品及生产商角度,许多智能产品的研发和设计主要面向主流消费群体,较少考虑老年群体的特殊性和个性化需求,且部分产品价格较高、使用流程繁杂。

总之,智能时代所凸显出的老年群体对环境的不适应性,一方面与老年群体的学习能力和适应能力较弱有关,[①]另一方面是因为各种智能应用忽视了"适老化"。

社会向智能化方向发展是大势所趋,但智能化是为人服务的,不能让老年群体成为边缘群体,面对那些"慢了一拍"的老年人,我们显然不能任其"独自凄凉无人语"。这群在高科技面前手足无措的老年人,是我们的父母,他们给了我们生命,倾其所有养育我们长大。[②] 中国离不开这些曾为国家的发展贡献了自己青春和热血的长辈们,没有他们,就没有今日繁荣富强的盛世。每个人都有老去的那一天,我们应当重视老年群体在智能时代的需求,在智能化的过程中对他们留有余地、温柔以待。在智能功能的设计过程中,社会应当为老年群体提供便利通道,给老年人多些宽容与理解。

三、农村老年群体社会参与的基础法理

农村老年群体是社会成员的重要组成部分,享有与其他社会成员平等的社会参与权。亚里士多德认为平等有两类:一类是"数量平等",即"你所得的相同事物在数目和容量上与他人所得的相等";另一类是"比值平等",即"根据个人的真价值,按比例分配与之相衡称的事物"。同时,亚里士多德提出了正义的平等观,将平等视为正义的尺度,认为正义寓于某种平等之中。其中,分配正义就是根据每个人的功绩和价值来分配财富

---

① 盛会:《智能时代不能让老人掉队》,载人民网, http://health.people.com.cn/n1/2018/1113/c14739-30397086.html。

② 盛会:《智能时代不能让老人掉队》,载人民网, http://health.people.com.cn/n1/2018/1113/c14739-30397086.html。

和荣誉,并按比例平等的原则将世界上的万事万物公平地分给社会的全体成员。[①] 平等对待是平等的应有之义。平等对待包括形式上的平等对待[②]和实质上的平等对待。[③] 当前智能产品在功能实现的设计过程中缺乏时空观,常常忽略老年群体对智能化需求的研究,难以覆盖老年群体的真实需求,进而带来技术输出所依托的工具媒介呈现较强的同一化,从而造成老年群体对于新技术的接受度不高、体验感不佳。[④] 显然,从实质层面而言,鲜有兼容农村老年群体的平等对待的设计或者技术适用。而实质上的平等对待遵循的是差别原则,亦即保障弱势群体的利益差别。唯有如此,农村老年群体的参与意愿才得以激励。在激励机制状态下,经济主体能够将有限的资源进行合理配置,并实现利益最大化。激励机制与个人收益(成本)和社会收益(成本)相联系。立法的目的无疑要考虑激励的效果是什么,如何激励实现利益最大化和主体之间利益的平衡,行为主体会与另外的行为主体通过法律制度的激励功能建立法律关系,并且产生激励作用。良好的法律制度能够使各方主体作出对其有利且不损害对方利益的选择,从而达到利益平衡和整体利益最大化。

老年群体的社会参与权不同于传统的人权,是一种属于多种人权的集合,包括政治参与权、经济参与权、公益参与权和组织参与权等。正是通过每一个具体而细化的子权利,才体现出了老年群体社会参与权的性质和具体内容,才逐步构成了老年群体社会参与权的相关体系。

---

① 李树忠:《平等权保护论》,中国政法大学2006年博士学位论文,第一章第一节。

② 形式平等意指“凡为法律视为相同的人都应当以法律所确定的方式来对待”。参见[美]E.博登海默:《法理学:法律哲学与法律方法》,邓正来译,中国政法大学出版社2004年版,第309页。

③ 一个社会在面对因形式机会与实际机会脱节而导致的问题时,会采取这样一种方法,即以基本需要的平等去补充基本权利的平等,而这可能需要赋予社会地位低下的人以应对生活急需之境况的特权。参见[美]E.博登海默:《法理学:法律哲学与法律方法》,邓正来译,中国政法大学出版社2004年版,第310页。

④ 李翌萱:《人工智能时代老年人社会参与的价值审视和伦理思考》,载《自然辩证法通讯》2021年第6期。

（一）政治参与权

我国强调“人人平等，法治社会”，所以老年人的政治参与权不仅体现人权，更要求老年公民通过合法的方式参与政治生活。例如，组织参与、接触式参与、政策参与、选举参与等在内的相关形式和机制。政府对于老年人政治参与权的有效保障至关重要，且存在非常特殊的价值，老年人由于在健康、知识水平或者信息渠道等方面存在不足，非常容易陷入被社会边缘化的尴尬境地，而政治参与权在保障老年人社会参与权中具有非常重要的位置，因其使老年人社会参与具有具体的法律依据，让社会中老年群体和其他年龄群体间达到平衡，有效维护弱势的老年群体的权益，进而为其他的社会参与方式（如公益参与、经济参与和组织参与等）提供保障和奠定相关的基础。与此同时，老年人借助政治参与权不但能够有效保障自身的权利，获得温暖感和幸福感，还能够促进社会和谐。

（二）经济参与权

工作权和创业权共同构成了老年人社会参与的经济参与权，而工作权更是核心所在。对老年人而言，其工作权的核心便是就业权。值得一提的是，应该鼓励有能力继续工作的老年人继续工作，不应该通过诸如歧视行为或者强制退休等方式强迫老年人离开他们的工作岗位，老年人应当在创造社会价值的过程中享受到应得的权益保障。社会经济发展中面临的种种问题，可以通过促进老年人经济参与得到缓解甚至解决。如果忽视老年人的经济参与权，使他们无法得到相应的就业权和创业权，他们就只能依赖于年轻人的供养，使很多老年人晚年生活的质量明显偏低。无论是因为老年人个人体质问题造成收入减少，还是因为国家提供的养老资金不足，都会造成社会代际发展的失衡，从而影响整个社会的和谐稳定。

（三）公益参与权

对于老年人而言，公益参与权指的是老年人在参与社会公益活动中所应当享有诸如志愿者义务工作、治安协助、参与少年儿童教育等的权利保障。公益活动是老年人参与社会活动的一个非常好的门类,因为能够有效提高全社会的公益意识,进而调动全社会投身公益活动的积极性。

老年人的公益参与权利大致可以分为以下几部分:一是老年人参与公益活动的自主选择权。老年人对于自己参加的公益活动,开始便应有自由选择的权利。二是老年人对于公益活动的请求权。作为长期的系统化公益志愿服务,老年人参与的意愿应当得到保障,其人身和财产的相关保障也应当由机构来提供,国家和整个社会也应该通过相关的法律和政策为老年人公益参与权利提供制度上的保障,努力满足老年人在参与公益活动时所能得到的心灵慰藉和精神上的充实和快乐,营造出良好的氛围,借以促进老年人公益参与的积极性。三是老年人公益参与平等权。老年人在参与公益活动的时候不应该受到任何歧视,同时也应该获得更多平等的社会公益参与机会。

老年人参与社会公益的益处是十分明显的。对老年人个人而言,参与公益活动能使他们避免自身因为年老带来的孤独和消极情绪,保持生命的活力,推动老年人自我价值的实现,对于积极度过老年生活具有指导性的意义。国际上对于老年人参与社会公益的相关活动也是非常支持的,比起年轻人,老年人普遍具有更加丰富的社会经验,从而能够为公益活动提供更多经验性的支持。比起国内的老年人,一些欧美发达国家的老年人社会公益活动的参与比例要高出很多,国内仍然有很长的一段路要走。

(四)组织参与权

老年人的组织参与权,顾名思义就是老年人参与各类组织的权利。参与社会组织是非常有利于老年人的晚年生活的,这些老年人组织能够真实地反映老年人群体的真实想法和内在需求,也能够让社会更好地听到老年人群体的声音。

四、国外老年群体社会参与的法制考察

美国、日本、德国等国家不仅为老年人的健康长寿提供了基本条件和可能性,也为健康养老甚至是未来的智慧养老提供了有力支持,相关研究也走在前列。

(一)美国

为了给55岁以上低收入的和未就业的老年人提供从事社会服务的机会,《美国老年人法》修正案中特地增加了老年人社区服务就业方案(Older American Community Service Program),在该方案中包括退休老年人志愿工作方案(Retired Senior Volunteer Program),旨在保障大于60岁的退休老年人积极参与社区的相关志愿服务工作。这一方案还规定:参与志愿服务工作的老年人除了在交通、膳食或者志愿服务工作过程中偶然情况下的支出外,可不支出其他任何费用。与此同时,还要求将相关的志愿服务工作限定在老年人的居住地或者相邻的社区范围内。该方案还包含对老年人的一系列短期训练计划,以帮助老年人能够更好地融入社区志愿服务工作。除此之外,对于已就业的老年人,该方案也对其给予了充分的保护,借以避免该方案引起当下就业者的失业等情况。

不仅如此,美国还制定了《禁止歧视老年人法》《经济机会法》《职业教育法》《国内志愿服务法》《综合就业训练法》等一系列法案,尽力保障老年人的就业机会和相关权益。

(二)日本

以日本为例,日本的《老年人福利法》被誉为日本的“老年人宪章”,足见其分量。这是一部在日本老龄化社会到来之前就由日本政府颁布的法律,是日本最早的老年福利法。《老年人福利法》第一次通过立法的形式保障老年人的各项权益,第一次对老年人的相关权利和义务进行了明确,强调应该由国家和社会主导,通过兴建福利设施等措施,收养在家中有养老困难的老年人,借助各种法律规章对老年人的身心健康和生活安定进

行保障。《老年人福利法》具有非常深远的历史和社会意义,它通过法律的形式将老年人福利确立为一个单独的福利体系,让老年人自立于社会,积极参与社会之中,使老年人能够真正自主生活。

除此之外,日本还在之后颁布了一部《老年人保健法》,谋求在确保医疗服务的基础上,做到加强疾病的预防、治疗和相关功能训练等在内的一系列综合性保健,使日本老年人权益保障在司法的过程中全方面有法可依,有据可查。这一套集保健和医疗于一体的保障体系体现了日本在长期实践中所付诸的努力。

(三)德国

德国是世界上最早建立社会保险并对其进行完善的国家之一。养老保障是社会保障体系的核心之一和重中之重,一个老有所依的社会才是良性发展的健康社会。德国完善的养老保险制度使公民能够在收入锐减或患病的时候,也能够获得有效的保护,从而使公民和他的家庭没有过多的经济顾虑。

以上三个国家无论是从立法论上的设计和改进,还是解释论上的理解和适用,抑或实践中具体制度的模式选择与功能价值,都颇具启发意义,可供借鉴与转化运用。

五、智能时代我国农村老年群体社会参与的法律规导

农村老年群体社会参与包括人身事务、财产事务、社会事务(公共事务)的参与,立基于此,笔者尝试从介入角度、角色角度、活动角度、资源角度进行建构、补缺或完善与之对应的法律规范,进而构筑“立”“保”“消”“助”“学”“救”六维法治保障体系。具体分述如下:

(一)“立”:完善老年群体社会参与的立法,以反年龄歧视为核心,改革法规与政策

1. 完善老年群体社会参与的立法,形成具有可行性的操作性规范

在智能时代,欲激发老年群体社会参与的积极性,保障其权益,首先应

完善立法。目前,我国的老年群体社会参与权的立法已初步形成了体系。

但是,我国目前对于老年群体社会参与权益的保障,尚有很多地方需要补充和完善。例如,《老年人权益保障法》第七章“参与社会发展”中规定了老年群体社会参与的相关条款,但还明显缺乏可操作性和权利依据。基于此,应尽快制定《老年人权益保障法实施条例》或《老年人养老服务促进法》,同时需要各地根据地方实际情况制定《老年人权益保障法实施办法》《城乡社区治理条例》等相关立法,将智能化、数字化带来的数字鸿沟纳入立法考量,并形成具有可行性的操作性规范。此外,可将保障老年群体社会参与权的相关立法进行整合,形成以宪法为根本依据,以《老年人权益保障法》为核心,包含《劳动法》《慈善法》《就业促进法》《社会团体管理法》等规范性文件在内的完整的老年群体社会参与法律保障体系。

2. 以反年龄歧视为核心,改革法规与政策,保障老年群体广泛参与社会的权利

应将对于老年群体的歧视列为歧视的一种。将法院的判例作为对老年群体歧视的相关解释和依据,以此来指导老年群体解决社会参与相关问题。除此之外,国家还应当通过建立专门的研究机构等方式去充分研究老年群体在社会参与中所受到的歧视并且针对具体问题具体分析和解决实际的老年群体歧视问题。

同时需要注意的是,为了保障老年群体社会参与所制定的法规与政策应当具体细致,具有可操作性。可以通过吸收老年群体参与决策过程和完善就业政策措施等方式来促进老年群体的参与。

(二)“保”:通过顶层制度建设,发挥政府主导和引领作用,构建老年群体数字融入政策制度体系

应通过创新老龄化数字鸿沟的管理理念来加强顶层制度建设[①],明确

① 陆杰华、韦晓丹:《老年数字鸿沟治理的分析框架、理念及其路径选择——基于数字鸿沟与知沟理论视角》,载《人口研究》2021年第3期。

不同行为者的责任和权利范围,提供必要的政治支持和制度保障以及相关法律法规,通过改善和建设信息技术教育系统来缩小老年“数字鸿沟”。一方面,与时俱进地制定和完善相关法律法规和监管制度,加强数字化的法治化进程。及时修改和妥善调整现行《老年人权益保障法》,在其中补充和完善关于老年群体数字平等、反歧视、数字救济、终身教育等内容。另一方面,探索全社会参与的多元统一和相互促进的发展模式,形成政府监管、平台自治、行业自律、公众参与的综合制度,推动建立长效化的数字化法治建设机制。政府应当与行业、企业一道制定老年群体数字权益保护准则,从而消除显性或隐性的、针对老年群体的算法歧视和数字偏见。要切实保障老年群体在智能时代参与数字生活的合法权利,兼顾安全与便利,严厉打击网络诈骗与电信诈骗等新型诈骗行为。另外,建立涵盖全年龄、全周期的信息技术素质教育系统。使义务教育中包含数字技能教育这一重要组成部分,让媒体素养成为公民教育的基本组成部分,从而有效保障老年群体学习数字技能的基本权利。①

(三)“消”:出台和实施消减智能技术上的措施、标准,使之更具包容性

从发展的角度来看,停止和减缓技术进步的步伐显然是不现实的,因此技术本身应具有包容性,②如开发适合老年群体需求的相关智能产品,加强技术研发,推广网络设施,降低流量资费和其他手段,进一步降低使用新技术的门槛。社会公共服务在发展互联网业务的同时,也必须保持线下渠道,以更好地满足没有智能手机的用户的需求。通过线上线下协同发展,解决老年群体智能生活的困境。具体来说:

一是通过数字基础设施接入基础设施建设,提高网络基础设施的覆

① 陆杰华、韦晓丹:《老年数字鸿沟治理的分析框架、理念及其路径选择——基于数字鸿沟与知沟理论视角》,载《人口研究》2021年第3期。

② 沈慎:《人民网评:智能化时代,老人怎能成为“社会局外人”》,载人民网,http://opinion.people.com.cn/n1/2020/0818/c223228-31826819.html。

盖率和效率，确保信息技术的公平性，夯实彻底消除数字接入差距和实现技术公平的物质基础，继续推进我国网络基础设施的建设。在实践中，网络基础设施和服务在偏远农村地区的覆盖率仍然需要进一步提升，这样才能让偏远地区的老年群体跨越与数字生活之间的“最后一公里”。[①] 此外，继续推进降低成本项目建设，促进行政村宽带网络普及，降低网络服务的使用成本，为老年群体提供包容和平等的数字机会和负担得起的数字网络设施和服务。在解决基本数字技术与服务可及性的基础上，充分利用各种新兴数字技术，为新型数字基础设施形态赋能，并以此进一步优化公共服务，打通产业发展、数字民生、城市治理、公共安全、政务服务等几大领域，为解决老龄化社会治理难题提供创新性方案。

二是通过虚实结合的老龄化建设，创新“虚”(老龄化技术)与“实”(线下措施)的结合和发展，提供更加便捷的适老化智能服务，以此来填补老年“数字鸿沟”。[②] 要完成这个愿景，不仅要关注线上技术的适老化改造，开发适合老龄化的智能技术，而且要关注线下各类设施的适老化改造，推进和完善非数字化公共配套服务机制的改造。将“科技优先”的理念注入线上老龄化建设中，倡导企业注重经济和社会效应的兼顾与融合，引导相关企业积极承担社会责任。构建一个更适合老年群体的网络平台，并提供相应的信息披露和意见反馈渠道[③]，提供独特、准确的社交娱乐等服务，增加老年群体通过互联网参与社交活动的路线，进一步加强新媒体与智能设备的适老化技术的研发与适老化服务设计。要消除老年“数字鸿沟”，不仅要从推进线下适老化建设、提高数字接入和使用程度等方面来入手，同时也要在日常高频服务领域适当保留传统服务方式，保留线

---

① 陆杰华、韦晓丹：《老年数字鸿沟治理的分析框架、理念及其路径选择——基于数字鸿沟与知沟理论视角》，载《人口研究》2021 年第 3 期。

② 陆杰华、韦晓丹：《老年数字鸿沟治理的分析框架、理念及其路径选择——基于数字鸿沟与知沟理论视角》，载《人口研究》2021 年第 3 期。

③ 陆杰华、韦晓丹：《老年数字鸿沟治理的分析框架、理念及其路径选择——基于数字鸿沟与知沟理论视角》，载《人口研究》2021 年第 3 期。

下服务渠道,减少不必要的流程,合理配备引导人员和现场接待窗口,确保暂时无法越过“数字鸿沟”的老年群体同样能接受基本公共服务,充分体现公共服务的包容性和公共政策的善意与温度。①

(四)“助”:加大政府的“公助”力度和范围,促进社区社会和居民的“共助”和“互助”

第一,加大政府“公助”力度和范围,并以规范性文件的方式予以确立。一是提供有助于老年群体社会参与的人员配置、财政经费、基础设施建设、软环境营造和舆论宣传等多样化的“公助”举措;二是加大向社会购买公共服务的力度,服务的经费投入和力度,尤其是向农村地区以及欠发达地区倾斜。

第二,出台强行性规范、授权性规范,促进社区社会和居民的“共助”和“互助”。

(五)“学”:构筑以“权利义务为核心”的终身教育模式

终身教育的目标是让每个人都有终身学习、实现自我的权利,它关注所有的社会成员及其各个生命阶段。终身教育是眼下能够从根本上解决老年“数字鸿沟”问题的一个重要途径,应当得到重视。对于那些在传统教育模式中处于不利社会地位的老年群体而言,终身教育的推行最有希望满足他们的教育需求。终身教育能够提升社会弱势群体及其家庭的竞争力与文化素养,使处于社会弱势地位的群体能够重新获得知识、提高劳动技能,进而使他们逐步摆脱困境。②

基于此,应积极推进终身教育的理念由倡导性向制度性和规范性转变,构筑以“权利义务为核心”的终身教育模式,加快发展社区和乡村老年学校,发展远程教育,在社区和乡村逐步建立老年广播电视大学、网络老

---

① 陆杰华、韦晓丹:《老年数字鸿沟治理的分析框架、理念及其路径选择——基于数字鸿沟与知沟理论视角》,载《人口研究》2021年第3期。

② 兰岚:《论我国终身教育的立法核心——公民学习权保障》,载《华东师范大学学报(教育科学版)》2019年第1期。

年大学,解决体弱多病、出门不便等各类老年群体的学习问题。

(六)"救":构建司法救济在内的多元化救济途径

为了实现法律正义,真正保障老年群体的相关权益,有必要为老年群体这一弱势群体设立特殊的诉讼程序,出台一系列具体的倾斜性保护政策。随着人口老龄化,与老年群体相关的案件总数正在迅速增加。需考虑老年案件的现有特点,建立专门的老年法庭或涉老案件合议庭[①],对涉老案件优先立案,优先审理,优先执行。根据老年人的健康状况,可以在有条件的地区开展巡回审判,如家庭调查、家庭调解和实地审判。除此之外,还可以考虑专门设立审理涉老案件的合议庭[②],帮其走出这类困境,保障其合法权益。

---

① 罗鑫悦:《社会工作弥合老年群体数字鸿沟的路径》,载《青岛职业技术学院学报》2022年第2期。

② 为了让老年人在诉讼中尽可能方便、省事、快捷、低门槛,北京市通州区人民法院为行动不便、无法来院参加诉讼的老年人开辟了涉老年人诉讼绿色通道,采取了上门送达、上门询问、调查等措施。针对有经济困难的老年人,采取减免诉讼费、公告费等措施,帮助老年人顺利诉讼。在执行阶段,设立了案款发放绿色通道。法院还成立了老年维权合议庭,重点审理疑难复杂的涉老年人案件。在家事案件的审理过程中,穿插着引入优良家风教育,加大调解力度,修复亲情。目前,在各类涉老案件的审理过程中,这一系列措施已经取得了明显效果。

进城落户农民土地承包经营权自愿有偿退出问题研究*

姜　姗　刘兆军**

摘　要：随着农村土地改革的全面深化以及城乡融合加速发展，土地承包经营权退出具有丰富的时代内涵和重大意义。土地承包经营权自愿有偿退出对农村土地制度改革至关重要，是有效实现乡村振兴的充分体现。本文通过文献分析和归纳分析相结合的方法，结合试点地区实践，在深入分析进城落户农民土地承包经营权自愿有偿退出问题的基础上，提出对策，期望为农村土地制度改革、乡村振兴的全面实现提供参考。

关键词：土地承包经营权；自愿有偿；退出；进城落户

一、问题的提出

随着城乡融合加速发展，人口城镇化水平不断提升、人口流动更加活

---

* 黑龙江省哲学社会科学基金项目“黑龙江省土地经营权流转有效实现的法治保障研究”（21FXB056）研究成果。

** 姜姗，东北农业大学公共管理与法学院硕士研究生；刘兆军，东北农业大学公共管理与法学院副教授。

跃。近年来我国流动人口数量和常住人口城镇化率在不断增长,2020年第七次人口普查数据显示我国流动人口规模为近3.8亿人①,截至2022年年末,我国常住人口城镇化率已达到65.22%。② 随着城镇化进程加速、农业机械化水平提升与农业生产力的不断发展,大量农村劳动力向城市转移,非农化转移率提升,进城落户农民对土地的依赖性减弱,土地对其的保障功能也在弱化。土地作为乡村振兴的重心所在,应当发挥其价值所在,然而土地若继续在进城落户农民手中,不仅会严重损害其他集体成员土地权益,也不利于提高农业规模化生产效率,导致土地低效能利用甚至被抛荒。土地承包经营权的自愿有偿退出有助于承包农户财产权利的保障、其他集体成员的土地权益的保护与农业规模化生产效率的提升,最终推动土地制度改革向前推进和乡村振兴的全面实现。

进城落户农民土地承包经营权退出问题受到国家高度关注,并形成一系列政策指导,经历了从无偿强制退出到自愿退出再到自愿有偿退出的阶段性政策演变(见图1)。

此外,通过政策文本分析,还可以从两个方面分析土地承包经营权自愿有偿退出政策的发展过程:自愿有偿退出禁止性条件(见图2)、自愿有偿退出试点(见图3)。

---

① 《第七次全国人口普查公报(第七号)——城乡人口和流动人口情况》,载国家统计局网,http://www.stats.gov.cn/sj/zxfb/202302/t20230203_1901087.html。

② 《中华人民共和国2022年国民经济和社会发展统计公报》,载国家统计局网,http://www.stats.gov.cn/sj/zxfb/202302/t20230228_1919011.html。

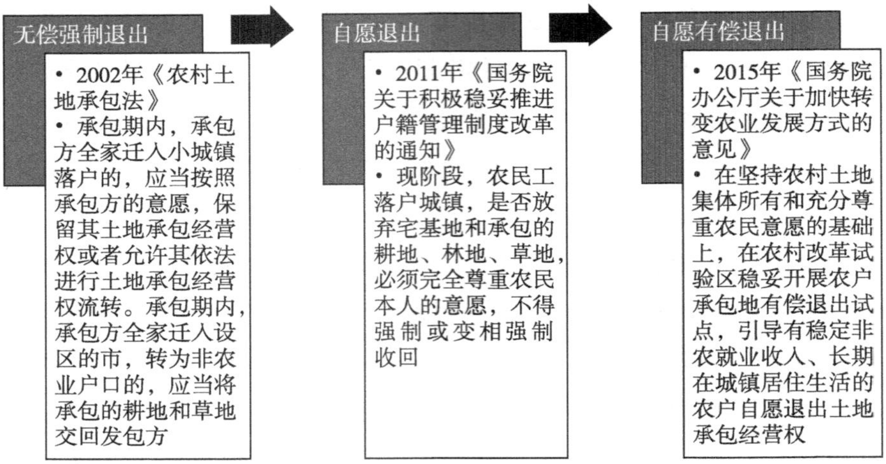

图1　土地承包经营权退出政策的阶段性演变

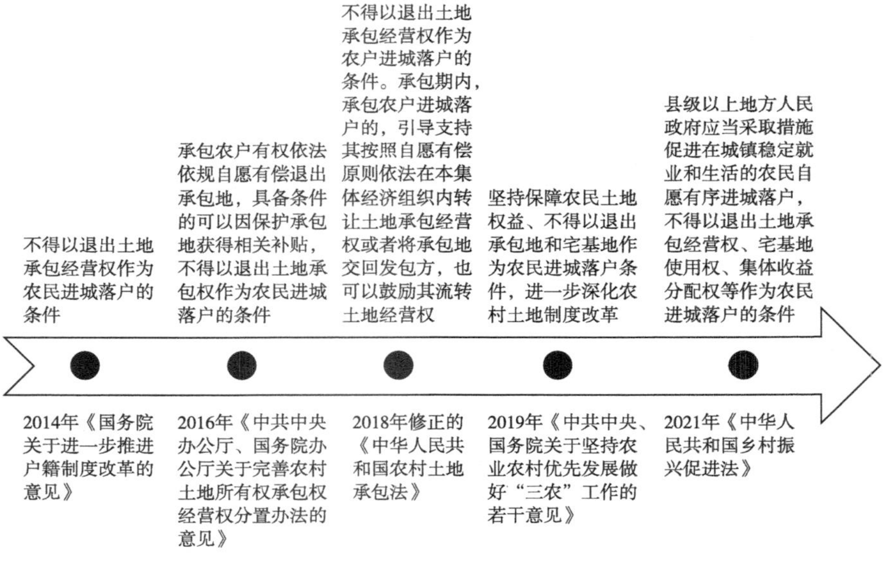

图2　土地承包经营权自愿有偿退出禁止性条件政策的发展

图 3　土地承包经营权自愿有偿退出试点政策的发展

户籍政策改革影响了流动人口规模和城镇化的发展，也影响了土地承包经营权的退出。1985 年，在城乡二元结构背景下我国严格城乡户籍管理，集体成员身份与农村户籍实行捆绑制，此时实行的进城落户农民土地承包经营权的强制无偿退出侧重于集体土地保障功能，同时意味着丧失农村户籍就不再享有集体成员身份，亦不再享有土地承包经营权。[①] 进入城乡融合发展新阶段，国家对农民进城落户的限制已经放开，且不以土地承包经营权退出为条件，更为进城落户形成了有力支撑。此外，进城落户虽使农民改变原集体户籍关系，但其未直接丧失集体经济组织成员（以下简称集体成员）的资格或身份，可继续保有集体成员身份，自愿确定是否退出土地承包经营权等相应权益。因此，户籍与土地承包经营权、集体成员身份之间不再相互依存，由此进城落户农民出现具有或不再具有集体成员身份的不同情况。

① 高海：《论农民进城落户后集体土地“三权”退出》，载《中国法学》2020 年第 2 期。

鉴于此,本文以是否丧失集体成员身份为标准,将土地承包经营权自愿有偿退出分为暂时自愿有偿退出和永久自愿有偿退出。暂时自愿有偿退出是在不丧失集体成员身份条件下的土地承包经营权退出,暂时性退出后农民进城落户成功则转变为永久性的退出,此时彻底丧失其集体成员身份。本文从暂时自愿有偿退出前到永久自愿有偿退出后的各个阶段出发,发现问题困境并提出对策建议,以推动土地承包经营权退出的顺利实施。

二、进城落户农民土地承包经营权自愿有偿退出之困境

(一)退出实施前准备阶段

1. 较高的非农化能力无助于退地意愿提升

农民的退地意愿关系着农民土地承包经营权退出的顺利实施,因此应当把握农民退地意愿的影响因素。相关研究运用 Probit 模型、Mvprobit 模型、Logit 模型、多元有序 Logistic 回归模型,结合宏观统计资料与微观调研数据分析和检验影响农民退地意愿的相关因素,发现农户家庭总收入、文化水平以及对退出土地所持有的态度这些农户自身状况因素对农民退地意愿的影响高于其他因素。[①] 同时明确,农户所处村庄的交通便利程度、土地流转的顺畅程度、农户分化对其退地意愿有负向显著影响,村集体是否经常举办非农技能培训、土地承包经营权退出能力、认知能力以及对土地退出政策的了解程度对农户的退地意愿产生正向影响[②],农民非

① 高佳、李世平:《城镇化进程中农户土地退出意愿影响因素分析》,载《农业工程学报》2014 年第 6 期;胡继亮、刘心仪:《农户土地承包权退出意愿及其影响因素研究——基于湖北省的微观调查数据》,载《江汉论坛》2017 年第 4 期。

② 牛海鹏、孙壹鸣:《农户土地承包经营权退出意愿影响因素及退出模式研究》,载《农业工程学报》2019 年第 11 期;李荣耀、叶兴庆:《农户分化、土地流转与承包权退出》,载《改革》2019 年第 2 期;张广财、何东伟、顾海英:《农户分化何以影响农户土地承包权退出决策?》,载《经济与管理研究》2020 年第 2 期。

农化能力高无益于农民退地意愿。①

所有影响因素都对农民退地意愿产生不同的影响,但对进城落户农民这一群体来说,非农化能力这一因素的影响更大。相较于非进城落户农民,进城落户农民的非农化能力显然更高,但是较高的非农化能力对农民土地承包经营权的退出意愿的提高并不明显,随着农民进城收入提高以后,退地意愿逐步降低。② 在城镇化进程中,政策大力支持农民融入城市,培育农民更强的非农化能力也获得了广泛认可,但是具备较高非农化能力的农户实际已脱离农业生产,其仍不愿意退出土地承包经营权,这可能会严重挤占其他集体成员的土地流转空间和土地权益,并进一步损害农业规模化生产效率。由于进城落户农民已经有完全的自主选择权和决定权,其收入能满足当下需求,或者说补偿款与当下需求不再匹配,对其而言,与其接受现行退出土地承包经营权的补偿价格,不如继续持有土地承包经营权,通过流转获益或者等待未来在土地征收中获得更高的补偿。显然单一的货币补偿方式不能满足进城落户农民与土地退出相关的需求,也无法有效提高农民退地意愿。

2. 补偿资金来源问题

由于已进城落户农民非农就业稳定,其对土地承包经营权的退出主要是为了将其财产权(土地承包经营权)得以合理变现,成为其在城镇进一步发展的资本③,因此在选择土地承包经营权退出方式时更倾向于采用“货币化补偿”方式。④ 同时,各试点地区都明确规定了货币补偿方式,因

① 朱要龙:《政策认同、非农化能力与农户“两地”退出意愿——兼析土地功能分异的影响及退地方式的认同序列》,载《西部论坛》2018 年第 4 期;刘同山:《农业机械化、非农就业与农民的承包地退出意愿》,载《中国人口·资源与环境》2016 年第 6 期。

② 张广财、张世虎、顾海英:《农户收入、土地保障与农地退出——基于长三角地区微观调查数据的实证分析》,载《经济学家》2020 年第 9 期。

③ 祝天智:《城乡融合发展背景下土地承包权退出政策创新研究》,载《学海》2020 年第 6 期。

④ 张勇:《农户退出土地承包经营权的意愿、补偿诉求及政策建议》,载《中州学刊》2020 年第 6 期。

此,补偿资金来源问题也是导致退出补偿难以落实到位的原因之一。从试点实践中看,四川内江的现金补偿款来自区财政①;四川成都的退地补偿款由政府预先垫付②;宁夏平罗政府以其设立的土地收储金进行土地退出补偿③;苏州高新区从全区2017～2021年的土地拍卖金中提取部分资金,作为推动这项改革的社保专项资金。虽然资金来源具体方式不一,但都是由政府提供资金支持。④ 政府资金支持下的退出补偿资金存在缺口,对政府财政产生了一定负担,为推动农村土地承包经营权有序退出,需要通过其他补偿方式来推动退出补偿落实到位,也需要拓宽退出补偿资金的来源渠道,为有意愿、有能力的进城落户农民退出土地承包经营权奠定基础。

(二)暂时退出阶段

暂时退出阶段存在农民进城落户失败的可能性,易引发退地农民的土地权益问题与补偿问题。

1.进城落户失败农民的土地权益问题

进城落户农民暂时性退出土地承包经营权,但其集体成员身份尚未丧失,若于一定期限内成功进城落户后并永久性退出,则集体成员身份彻底丧失,相关权益也不再享有。但若农民在此期间内(新一轮土地承包开始前)未成功进城落户(落户失败)需要返回农村,此时农民重新需要土地,不仅意味着农民需要拿回土地,也意味着要拿回土地承包经营权。如果退出的土地已经全部被承包或者用于其他途径,则会影响落户失败农

① 王晓睿、钟晓萍、吕亚荣:《基于内江土地承包经营权退出经验的研究》,载《农业现代化研究》2019年第1期。

② 韩立达、韩冬:《市场化视角下农村土地承包经营权有偿退出研究——以成都市为例》,载《中州学刊》2016年第4期。

③ 《平罗县农民集体土地和房屋产权自愿永久退出收储暂行办法》,载平罗县人民政府网,http://www.pingluo.gov.cn/xxgk/zdlyxxgk/fpgz/sxqzc/201808/t20180822_1007548.html。

④ 张毕荣:《土地承包经营权有偿退出试验通过"国考",苏州高新区系江苏唯一试验区域》,载扬子晚报网2019年7月20日,https://www.yangtse.com/content/731885.html。

民返回农村时权利的享有和行使。同时,农民在进城落户失败回村后应当拿回土地承包经营权,但若村集体采取置之不理的方式则会影响农民权益,因此应当通过赋予退出农民相关权利来再次明确农民的土地承包权。

2. 进城落户失败农民的补偿问题

实践中各地土地退出补偿方式各不同。例如,四川成都采取换保障(住房、社保等)与换安置费方式,四川内江采取换现金、换养老保险与换股份相结合的方式,重庆梁平①、贵州湄潭采取退地补偿费方式。对进城落户失败返回农村的农民的这些补偿是否需要收回是一个待思考的问题。由于补偿是基于土地承包经营权退出而获得的,但若农民返回农村并重新享有土地承包经营权,再给予有关补偿对于其他集体成员并不公平。针对现金补偿方式(如成都温江规定土地人均面积的具体补偿额,重庆梁平、江苏金湖②、贵州湄潭等地均是明确规定每公顷的补偿费用数值,进行一次性支付),若将全部补偿金额收回,农民土地承包经营权退出的这一期间内未得任何补偿属实不当。针对换养老保险、换股份等补偿方式,若其一直持有这种补偿红利,既对其他村集体成员不公,也会损害村集体经济组织的利益。

(三)永久退出阶段

1. 补偿范围过窄导致补偿力度不够

暂时性退出的权利主体并未丧失集体成员身份,仍然享有续包权等权利,可以给予其自退出土地承包经营权至再一次承包土地前这一期间内的退出补偿。对于已经实现进城落户并永久退出的农民,国家政策不仅强调其退出的自愿性,也强调其退出的有偿性,然而当前的土地承包经营权退出只能由农民原集体经济组织进行补偿,因此只能按照土地的农

① 刘同山:《农户承包地的退出路径:一个地方试验》,载《重庆社会科学》2016 年第 11 期。

② 江苏省农委经管站、江苏省金湖县委农工部:《江苏金湖:探行承包地退出及互换并地》,载《农村经营管理》2016 年第 8 期。

业使用用途进行补偿。[①] 但是永久性退出的主体以获得相关退出补偿为条件自愿放弃集体成员身份资格，资格的丧失则意味着其不再是集体土地所有权主体[②]，不再享有土地续包权，既无法进行新一轮土地承包、不再享有土地被征收时的受偿权，也不再享有土地继受权，其后代无法因出生而自然取得集体成员身份、无法继受享有集体土地权利。此时，农民退出的不仅是土地承包经营权，实际上放弃了所享有的所有权份额。因此，退出补偿应当包括对丧失土地续包权等权利的集体成员的身份资格的补偿。而实践中的各地试点地区虽然都明确了补偿标准，但考量因素不一，如重庆梁平考虑当地经济与区位差异、承包期剩余年限、年均土地流转价等因素，成都温江考虑当年土地流转价格以及承包期剩余年限等因素。

2. 股份置换补偿问题

永久退地农民已经丧失了集体组织成员身份资格，其继续享有集体经济组织的股份将损害村其他集体成员利益。对于退出土地承包经营权换股份、拿分红的补偿方式，退出农民已到手的收益分红可以继承是毋庸置疑的，但是股份是否应该由非本村集体成员继承是一个问题。根据《公司法》第 75 条的规定，自然人股东的继承人在其死亡后可以继承股东资格，但公司法人与集体经济组织法人又存在明显不同，农村集体资产股份合作制与股份制企业也存在本质上的差异。[③] 试点实践中存在集体资产股份可在集体章程存续期内被继承的情形，但是如果已经彻底退出的前集体成员的股份也可以继承，对当前村所有集体成员的利益会造成实际损失与既得利益损失。

---

① 祝天智:《城乡融合发展背景下土地承包权退出政策创新研究》，载《学海》2020 年第 6 期。

② 高海:《论农民进城落户后集体土地“三权”退出》，载《中国法学》2020 年第 2 期。

③ 李明星、黄凤华、陈英:《关于农村集体资产股份继承的思考——基于成都市温江区××村案例的研究》，载《农业经济》2017 年第 4 期。

3. 土地利用问题

土地承包经营权自愿有偿永久退出后，退出土地的利用是该阶段的关键所在。退出土地利用事关土地利用效率的提高、土地资源配置优化和土地产出效益的提升。因此应当对退出土地进行高水平、规模化经营，以实现土地经济财产价值，增加集体经济组织的财产收入，促进农村经济发展。试点实践中，各地区也关注土地利用问题，如江苏苏州虎丘区的社企合作等，以期推动农村土地更优利用。虽然地区之间地理条件和经济发展水平存在差异，土地利用的方式存在不同，但是如何做好高水平、规模化经营是各个地区均需重点关注的问题。

三、进城落户农民土地承包经营权自愿有偿退出之对策

（一）退出实施前准备阶段

1. 补偿方式多元

补偿方式需要多元化，切忌“一刀切”模式。进城落户农民非农化能力提升，城镇就业收入稳步增加，导致退地给予的现金补偿并不能契合进城落户农民的当前需求。如果不退出土地承包经营权，土地可能存在的增值空间会为其带来长久收益。基于此，土地承包经营权退出过程中“一刀切”的货币补偿退出模式可能导致土地退出的逆选择，应当考虑进城落户农民需求所在，妥善设计退出补偿方案，借鉴四川内江、江苏苏州虎丘区等试点地区的退地换股份方式，以退地面积折算成股份入股并拿收益和分红，保障退地农民的长久效益。同时，由于进城落户农民多数选择货币补偿方式，易造成政府财政负担，因此应当推动补偿方式多元化，如宁夏平罗的医疗、养老保险以及住房保障，四川成都的住房保障、社会补贴以及配套公共服务。

2. 政策宣传动员

退出土地承包经营权的选择权在农民手中，相关政策文件要求在尊重进城落户农民退出意愿的基础上，通过给予合理补偿以支持和激励进

城落户农民退出土地并有效分配利用退出土地,因此,加强政策宣传动员、提升农民退出意愿尤为关键。集体经济组织应当稳步推进土地退出政策宣传,有效改善农民对土地退出的主观认知,使其切实了解土地退出其他补偿方式也具有一定增值空间。政策宣传主体应当包括县乡镇政府、村集体经济组织与企业,联动共建、合作动员;政策宣传方式包括会议与媒介,采取专题会议、宣讲动员会议等方式,利用广播、微信群、抖音、手册等媒介。通过政策宣传,让进城落户农民掌握政策要旨、补偿方式,推动提升退出意愿。

3. 货币补偿来源渠道拓宽

货币补偿作为一种主要补偿方式,其来源是需要关注的一个问题。试点地区多由政府提供资金支持,难免会造成政府财政负担,也易引起资金不足的问题。因此,应当拓宽货币补偿的渠道,除了由政府设立收储基金、专项基金等方式,集体经济组织自行筹集、向金融机构担保融资以及由合作企业提供支持都可以作为补偿资金的来源渠道。

(二)暂时退出阶段

1. 保障进城落户失败农民的土地权益

退地农民进城落户失败返还农村,应当保障其土地权益。其一,集体经济组织在合理使用退出土地时,应在一定期间内预留一定比例的土地来防止进城落户失败的农民在下一轮土地承包前无地可依。预留期间可通过借鉴民法中的离婚冷静期制度而设置,根据不同城市的发展水平、落户时间等具体情况而确定不同的预留期间。其二,农民已经自愿有偿退出了土地承包经营权,但其进城落户失败后需要土地承包经营权以及土地来发挥保障作用,因此应当丰富集体成员权的权力体系,赋予其土地承包经营返还请求权,以切实保障退地农民在进城落户失败后仍有地可享。

2. 合理收回对进城落户失败农民的补偿

对于进城落户失败且再次拥有土地承包经营权的农民,应根据此前所获补偿的不同进行不同方式的补偿收回。首先,若对退地农民采取的是一次性现金补偿方式,可以根据退地具体期限的不同收回一定比例的补偿。对于进城落户失败确无财产支配的农民,可以为其提供延期支付或者分期支付,也可为其提供村内设置的公益岗位。其次,如果采取的是换养老保险等保障补偿方式,应当收回该类补偿,可以置换为一定退地期限的现金补偿。最后,对于换股份的补偿方式,可以直接收回其股份,即其此后不能再按年度领取股份分红。

（三）永久退出阶段

1. 扩大补偿范围以增强补偿力度

各地区在确定土地承包经营权自愿有偿退出的补偿标准时,不仅要考虑经济发展水平、区位差异、土地类型、承包期剩余年限、当时土地流转价格、土地利用价值等因素,还应当将集体成员身份资格的丧失包括在内,即在原有的补偿标准之上,增加身份性补偿,增强补偿力度。例如,重庆梁平原本在考虑土地类型等相关因素后确立承包地退出补偿标准为每公顷 21 万元,其可以通过提高每公顷的价格增加身份性的补偿标准。再如,四川成都按照每年每公顷 2.25 万元（一年给付一次）设立补偿标准,其可以调整给付年限,即承包剩余年限加上 30 年的身份性补偿年限。

2. 确立股份分红期限

对永久退出土地承包经营权的农民进行股份置换补偿时,按照其土地退出面积折算股份,并根据剩余承包期限等因素确立股份分红期限,在此期限内退出土地承包经营权主体可以按年度领取股份分红。同时如果该主体死亡,其继承人可以继承股份,并继续按年度领取股份收益。如此既可以保障土地承包经营权退出主体的财产权益,也可以保障村集体成员的利益。

3. 高水平规模化经营

首先,将退出土地全部交由镇村进行统一经营管理,采取“线上交易”方式来流转土地,解决规模化经营问题,从而为家庭农场等经营主体指出新的经营方向。其次,培育职业型农民,加强职业技能培训,以提高当地农民参与自主创业能力。再次,实行院所合作模式、社企合作模式,建设生态园区、发展合作农场等,做到产供销一体,发展生态、特色、高效农业,实现农业高质量发展。最后,提升机械化作业水平,添加诸如农药喷洒无人机等现代科技化的农业机械设备,以提升农场的生产经营效率。

第二部分　植物新品种保护

植物新品种权行政保护的必要性研究

罗　娇　吴少雄[*]

摘　要：行政保护和司法保护“双轨制”是我国植物新品种权保护的特色。由行政机关处理植物新品种权侵权纠纷的正当性与合理性始终受到质疑，也面临运行成本高、处理结果司法认可度低、与司法程序存在冲突和重叠性资源浪费等问题。建议区分植物新品种权的行政处理行为、行政调解行为和行政查处行为，对不涉及公共利益的植物新品种权侵权纠纷，行政机关仅居中调解，并制定“植物新品种保护行政执法办法”，统一执法机构，协调跨区域执法。

关键词：植物新品种权；行政保护；行政处理；侵权纠纷

* 罗娇，中国农业大学人文与发展学院法律系副教授；吴少雄，中国农业大学人文与发展学院法律系硕士研究生。

一、植物新品种权行政保护概述

植物新品种权是知识产权的一种具体权利,植物新品种权行政保护的上位概念是知识产权的行政保护。对于知识产权的行政保护,我国法律法规中并没有明确定义,学界的界定亦不统一。在理论层面,有观点认为知识产权的行政保护是知识产权行政管理行为与侵权违法查处行为[①],有观点认为知识产权的行政保护是知识产权行政调解行为和行政制裁行为。[②] 实践中,不同部门对知识产权行政保护的理解也有偏差。例如,国家知识产权局认为知识产权行政保护侧重于"行政机关惩处知识产权违法行为"[③],而江苏省知识产权局认为知识产权行政保护囊括了知识产权行政管理机构在具体管理业务中的全部职能。[④] 虽然各方对知识产权行政保护概念的理解存在分歧,但行政保护和司法保护相结合的"双轨制是我国知识产权保护的特色"已达成广泛共识。[⑤] 多个法律文件也将知识产

① 曲三强等认为,知识产权行政保护是指行政机关根据法定职权和程序,依据权利人申请或其他法定方式,履行职责,授予或确认权利人特有权利,管理知识产权使用、变更、撤销等事项,纠正侵权违法行为,保护各方合法权益,维护知识产权秩序的活动。参见曲三强、张洪波:《知识产权行政保护研究》,载《政法论丛》2011 年第 3 期。

② 刘文华等认为,知识产权行政保护是指知识产权行政管理机关运用行政手段调处知识产权纠纷,制裁侵权行为。参见刘文华主编、任泉副主编:《WTO 与中国法律的冲突与规避全书》(第 3 辑)(金融卷、知识产权卷),中国城市出版社 2002 年版,第 1313 页。

③ 国家知识产权局相关著作认为知识产权的行政保护,是指当遇到知识产权方面的纠纷或者争议时,当事人向有管辖权的行政机关寻求保护或者直接由行政机关惩处相关违反知识产权法律法规的行为。参见国家知识产权局专利局电学发明审查部编:《企业专利常见问题解答》,知识产权出版社 2012 年版,第 114 页。

④ 江苏省知识产权局相关著作认为知识产权行政保护的具体范围包括知识产权行政授权、行政确权、行政处理(包括行政调解、行政裁决、行政复议、行政仲裁等)、行政查处(包括行政处罚、行政强制等)、行政救济、行政处分、行政法制监督、行政服务等。参见江苏省知识产权局组织编写:《知识产权法律概论》,知识产权出版社 2016 年版,第 47 页。

⑤ 程永顺主编:《知识产权法律保护教程》,知识产权出版社 2005 年版,第 6 页;刘文华主编、任泉副主编:《WTO 与中国法律的冲突与规避全书》(第 3 辑)(金融卷、知识产权卷),中国城市出版社 2002 年版,第 1313 页。

权行政保护与司法保护相并列。[①]

由于知识产权行政保护与司法保护并行与“世界上多数知识产权案件的最终裁决权属于法院”[②]相悖，长期以来，知识产权行政保护制度广受争议。以行政力量介入维护知识产权制度的正当运行、以行政力量保护公共利益固然没有争议，但是行政力量能否介入知识产权侵权纠纷的处理，始终存在争议。[③]

二、植物新品种权行政保护面临的问题

支持行政机关处理知识产权侵权纠纷的主要理由包括当事人维权成本低、维权效率高，行政机关具有专业优势，行政处理可与司法诉讼相互补充等。反对行政机关处理知识产权侵权纠纷的主要理由包括行政力量不宜过多干预私权、行政处理不具有终局性等。

（一）植物新品种权行政保护的成本问题

植物新品种权权利人请求农业农村、林业草原主管部门处理侵权纠纷的成本低，是植物新品种权行政保护受到支持的一个重要理由。原国家林业局（现为国家林业和草原局）发布的《林业植物新品种保护行政执

---

① 例如，《最高人民法院关于加强新时代知识产权审判工作　为知识产权强国建设提供有力司法服务和保障的意见》（法发〔2021〕29号）第15条提出：健全行政保护与司法保护衔接机制，推动构建大保护工作格局。积极参与知识产权保护体系建设工程，健全知识产权行政保护与司法保护衔接机制，加强与行政职能部门协同配合。充分发挥司法审查监督职能，促进知识产权行政执法标准与司法裁判标准统一。推动与国家市场监督管理总局、国家版权局、国家知识产权局等部门建立信息资源共享机制，推进最高人民法院与中央有关部门数据专线连接工作，进一步推动知识产权保护线上线下融合发展，促进形成知识产权保护合力。为继续推动西部大开发、东北全面振兴、中部地区崛起、东部率先发展，深入推进京津冀协同发展、长江经济带发展、粤港澳大湾区建设、长三角一体化发展、黄河流域生态保护和高质量发展、成渝地区双城经济圈建设等国家区域发展战略提供司法服务和保障，提升服务国家重大发展战略水平。又如，中共中央、国务院印发的《知识产权强国建设纲要（2021—2035年）》提出：明晰行政机关与司法机关的职责权限和管辖范围，健全知识产权行政保护与司法保护衔接机制，形成保护合力。

② 刘文华主编、任泉副主编：《WTO与中国法律的冲突与规避全书》（第3辑）（金融卷、知识产权卷），中国城市出版社2002年版，第1313页。

③ 李顺德：《健全知识产权执法和管理体制》，载《中国发明与专利》2008年第8期。

法办法》(已失效)第8条第1款规定:“请求县级以上人民政府林业行政主管部门查处本办法第三条第一项所指案件时,应当符合下列条件:(一)请求人是品种权人或者利害关系人;(二)有明确的侵权人和侵权证据;(三)有明确的请求事项和理由;(四)侵权案件发生地属于该行政管辖范围内。”依据《财政部　发展改革委关于清理规范一批行政事业性收费有关政策的通知》(财税〔2017〕20号)的附件“取消或停征的行政事业性收费项目”,“植物新品种保护权收费”停征。与提起司法诉讼相比,当事人的维权成本确实大大降低。然而,实践中对“植物新品种权权利人请求植物新品种权管理部门处理侵权纠纷的成本低”这一观点却有不同看法。

第一,植物新品种权行政保护的制度成本不能只考虑权利人的维权成本,还需要考虑行政管理机构的运行成本,如果把行政管理机构的运行成本算上,总成本未见得一定比司法诉讼的成本大大降低。行政管理机构运行相关的人力资源、场所设备、网络平台、投诉电话、执法车辆交通、执法培训等成本,都是不小的数目。所谓“维权成本低”只是假象,实质是把当事人维护私权所付出的一大部分成本转嫁给行政管理机构。

第二,植物新品种权行政保护中存在虚假举报等滥用行政保护的现象,造成行政资源浪费。植物新品种权行政保护由于缺乏明确的立案条件,只要举报就能启动行政执法,哪怕是虚假举报,也能启动行政执法,必然造成行政资源的浪费。同时,虚假举报又很难事前预防,而往往要行政管理机构付出人力和物力后才能甄别出来。

(二)植物新品种权行政保护的效率问题

行政保护的效率高是支持植物新品种权行政保护的另一理由。由于农业农村、林业草原主管部门处理侵权纠纷的程序灵活、结案速度快,行政保护的效率高,因此比司法保护的效力高。《林业植物新品种保护行政执法办法》(已失效)第24条规定:“林业行政主管部门应当自立案之日起一个月内结案;经行政负责人批准可以延长,但不得超过三个月。案情特别复杂三个月内仍不能结案的,经报上级林业行政主管部门批准,可以延长。”理论上，即便走完行政保护的所有程序，行政处理的结案时间也远远短于动辄几年的民事诉讼程序。然而，实践中对于行政处理效率高这一观点也有不同意见。一是行政处理具有非终局性，当事人对处理结果不服的仍然可以提起司法诉讼，再走一遍司法程序，反而使解决纠纷的时间被拉得更长。二是过度追求高效率容易忽视办案质量，行政保护结案时间短，可能会造成办案质量不高，导致司法程序中对行政保护处理结果的认可度普遍不高。

（三）植物新品种权行政保护的专业优势问题

农业农村、林业草原主管部门业务熟悉是支持植物新品种权行政保护的另一个重要理由。但是，随着知识产权法院技术调查官的设立，知识产权法院或知识产权审判庭的技术优势不断加强，行政管理部门的专业优势不再是支持行政保护的绝对理由。此外，基于知识产权案件审理的“全面审查”原则，无论行政处理的结果是认定侵权还是认定为不侵权，一旦进入司法程序，司法机关都会对当事人的诉讼请求进行全面审查，行政执法活动可能归于徒劳，执法人员的积极性也会受到打击。

（四）植物新品种权行政保护与司法程序的衔接问题

行政保护与司法保护优势互补，有益于加大知识产权的保护力度，是支持知识产权行政保护的又一重要理由。但这一理由也在行政处理的非终局性问题上受到广泛质疑。由于在侵权判断上缺乏统一标准，在受理程序和处理程序上又存在差异，行政保护与司法保护在多个层面可能发生冲突，一旦行政处理结果不被司法程序认可，必然造成行政资源和司法资源的重叠浪费。

三、国际条约中植物新品种权行政保护的相关规定

（一）《TRIPs 协定》

《与贸易有关的知识产权协定》（以下简称《TRIPs 协定》）第 49 条（行

政程序)规定:“如由于行政程序对案件是非曲直的裁决而导致责令进行任何民事救济,则此类程序应符合与本节所列原则实质相当的原则。”有观点因此认为《TRIPs 协定》支持设立行政程序,因此我国应当建立知识产权行政保护制度。该观点值得商榷。

第一,《TRIPs 协定》并无任何条款明示对知识产权侵权纠纷的行政处理是成员方的条约义务。相反,《TRIPs 协定》第 49 条使用“如……”的假设性的表述,假设的是“如果行政程序涉及民事责任”这一前提,从字面解释上看,并无“必须建立涉及民事责任的行政程序(本文所指的行政保护)”之义。因此,《TRIPs 协定》并不强制要求成员方建立知识产权侵权纠纷的行政处理制度。是否建立知识产权行政保护制度属于一国的主权范畴。

第二,我国当前建立的植物新品种权行政保护制度,也并没有完全符合《TRIPs 协定》第 49 条有关行政程序的规定。根据《TRIPs 协定》第 49 条的规定,如果成员国建立了针对知识产权侵权纠纷的行政程序,“此类程序应符合与本节所列原则实质相当的原则”,其中“本节所列原则”包括发布临时禁令,而我国当前的植物新品种行政保护制度中,行政机关并不能发布临时禁令。

综上所述,认为“《TRIPs 协定》要求建立行政程序,因此我国应当建立知识产权行政保护制度”的观点,本身就是悖论:一方面,《TRIPs 协定》并无明确要求;另一方面,我们现行的植物新品种行政保护制度也并不完全符合《TRIPs 协定》的要求。

(二)《UPOV 公约》

《国际植物新品种保护公约》(以下简称《UPOV 公约》)中,也没有条款明确规定成员具有对植物新品种权侵权纠纷进行行政处理的义务,只是要求成员为有效行使育种者权利提供适当的法律救济。例如,我国加入的《UPOV 公约》1978 年文本第 30 条规定,“一、每个联盟成员国都应采取一切必要措施实施本公约,尤其是:(一)对法律给予适当的补救,以便有效地保护本公约规定的权利;……”再如,被视为比《UPOV 公约》1978 年文本保护水平更高的《UPOV 公约》1991 年文本第 30 条规定,“一、[履行公约的措施]每个缔约方应采用一切必要措施去履行本公约,尤其应当:(1)规定适当的补救法律,以便有效地行使育种者的权利;……”并在《UPOV 公约》1991 年文本的解释文件中阐明,可采取的救济措施包括但不限于民事措施、海关措施、行政措施、刑事措施、非诉讼解决争议的措施、特别法庭。其中,行政措施包括“对违反(breach)育种者权利保护法律法规或不遵守或滥用品种名称的行为给予行政制裁或罚款”[①]。需要注意,解释文件中的此项行政措施针对的行为是违法行为而非侵权行为,所用的表述是“breach”而非“infringement”,可谓非常严谨。

四、对我国植物新品种权行政保护制度的建议

(一)关于《种子法》的修改建议

并非所有的知识产权侵权行为都涉及公共利益问题,与行政处理其他类型的知识产权侵权纠纷一样,农业农村、林业草原主管部门处理植物新品种侵权纠纷,不仅难以解释利用公共资源去保护私权主体的正当性,也与植物新品种权的私权属性相悖。一方面,随着我国知识产权司法制度的进一步发展,过去有关行政机关处理知识产权侵权纠纷成本低、效率高、具有专业优势、与司法诉讼相互补充、有国际条约依据等支持理由,也因时代的发展而面临越来越大的争议。另一方面,知识产权法在近几年的密集修改中,始终没有放弃行政机关处理侵权纠纷这一权利救济制度,使知识产权行政保护制度在运行时面临的问题始终存在。2021 年,中共中央、国务院印发《知识产权强国建设纲要(2021—2035 年)》,明确指出要“明晰行政机关与司法机关的职责权限和管辖范围,健全知识产权行政

① UPOV/EXN/ENF1. 原文为“administrative sanctions or fines in the case of a breach of the legislation on breeders' rights or of a non-compliance with provisions on , or misuse of, variety denominations”。

保护与司法保护衔接机制……”为这一问题的解决提供了支持。鉴于此,就植物新品种权行政保护制度,提出如下建议。

一是建议区分植物新品种权行政保护的不同行为。植物新品种权的行政保护包括三种行为:一为对植物新品种权侵权纠纷的行政处理行为;二为对植物新品种权纠纷的行政调解行为;三为对假冒植物新品种权的行政查处行为。三种不同的行为性质不同,适用的规则也不同。

二是建议区分主动执法与居中调解,只有涉及公共秩序或公共利益时,行政机构才主动执法。主动执法仅以维护植物新品种权制度的运行秩序和保护公共利益作为启动条件;执法行为的性质为具体行政行为,当事人不服的,向人民法院提起行政诉讼。对于假冒植物新品种权的行为,其涉及植物新品种权制度的运行秩序,农业农村、林业草原主管部门应当主动执法。对于植物新品种权侵权纠纷和植物新品种权的其他纠纷,涉及公共秩序或公共利益的,农业农村、林业草原主管部门也应当主动执法。以上情形的执法行为,其性质为具体行政行为,当事人不服的,可以向人民法院提起行政诉讼。对于植物新品种权侵权纠纷或其他仅属于民事主体之间的纠纷,由于不涉及公共利益与公共秩序,应以司法保护为主,农业农村、林业草原主管部门可以进行居中调解,但不必再设立解决此类纠纷的行政处理机制,以免与司法程序产生冲突,造成司法资源与行政资源的重叠性浪费。

三是植物新品种权侵权纠纷等是否涉及公共秩序或公共利益,由农业农村、林业草原主管部门进行判断,并决定是否主动执法。这样的制度设计具备多方面的优势。首先,为行政机关执法预留了空间,避免因为“一刀切”地取消植物新品种权侵权纠纷行政处理程序,使植物新品种权制度运行和相关市场秩序受到影响。同时,保留植物新品种权侵权纠纷的行政处理程序,为国际贸易争端中我国行政机关就他国的“长臂管辖”或其他不公平的贸易制裁行为采取对等措施预留了法律依据。其次,解决了前述行政保护重效率而忽视办案质量的问题,为了避免陷入后续的行政诉讼，行政机关的执法需要更加审慎、更加注重质量。再次，避免了司法资源与行政资源的重叠性浪费。对于行政机关有难度的案件，自动转入司法程序中予以解决。最后，即使农业农村、林业草原主管部门对植物新品种权侵权纠纷是否涉及公共秩序或公共利益的判断存在错误，在司法程序中也有补救机制。由于我国知识产权法规定了知识产权侵权行为在侵害公共利益时的行政责任，即使农业农村、林业草原主管部门遗漏了对涉及公共秩序或公共利益的侵权行为的处理，法院可以通过判处相关行为人承担行政责任来予以补救。

（二）关于《农业植物新品种权侵权案件处理规定》的修改建议

我国植物新品种行政保护还面临农业、林业执法机构不统一、跨区域执法难度大等具体问题，造成了行政权力重叠性浪费，难以有效发挥农业农村、林业草原主管部门的执法职能。结合本文上述观点，建议废除《农业植物新品种权侵权案件处理规定》，并制定效力位阶较高的、统一的“植物新品种保护行政执法办法”予以解决。

1.《农业植物新品种权侵权案件处理规定》的存废问题

《农业植物新品种权侵权案件处理规定》的起草有特定的时代背景，2002 年起草该规定时，主要有以下几个方面的考虑。

一是 1997 年《植物新品种保护条例》颁布，赋予省级以上人民政府农业行政部门查处侵犯植物新品种权案件和县级以上人民政府农业行政部门查处假冒授权品种案件的职责，但是对植物新品种权侵权案件的处理在有关农业行政执法的规定中没有涉及。随着《植物新品种保护条例》的深入实施，原农业部（现为农业农村部）制定了《农业植物新品种权侵权案件处理规定》，以填补制度上的空白。

二是植物新品种权侵权案件属于民事侵权案件，行政机关对侵犯植物新品种权案件的处理与其他农业行政执法行为有所不同，需要制定《农业植物新品种权侵权案件处理规定》来专门规定如何具体操作。例如，行政机关处理植物新品种权侵权行为，需由植物新品种权人或者利害关系人提出请求,行政机关不主动查处。又如,仿照法院的合议庭,行政机关处理植物新品种权侵权案件的承办人员是3人以上单数,以多数人的意见作出决定;对侵权所造成的损害,赔偿行政部门只能进行调解,调解不成再由法院解决。

三是希望通过制定《农业植物新品种权侵权案件处理规定》来统一处理标准,从而维护植物新品种权侵权纠纷行政处理的严肃性、权威性和稳定性。对于当时来说,随着《植物新品种权保护条例》的实施,我国植物新品种权申请和授权数量不断增加,全国各地的植物新品种权侵权案件的数量也在增加,而查处侵犯植物新品种权案件对当时的农业行政部门来说是一项新生事物,专业性很强,如果只有《植物新品种权保护条例》的原则性规定,农业农村、林业草原主管部门实际操作起来有困难,也容易造成各地处理尺度不一而使行政处理侵权纠纷的严肃性和权威性受到影响。

综上所述,原农业部在《植物新品种权保护条例》第七章"罚则"的基础上制定《农业植物新品种权侵权案件处理规定》,对省级以上农业行政部门处理植物新品种权侵权纠纷涉及的特殊程序、损害赔偿的计算等关键问题作了细化规定,这在当时来说具有必要性和重要的实践意义。但是经过近20年的发展,行政机关以行政力量处理平等民事主体之间的知识产权侵权纠纷,不仅在理论上其正当性逐渐受到质疑,在结果上也造成了行政资源与司法资源的重叠性浪费,在实践中还带来因为行政权力与司法权力范围重叠导致的大量难以破解的程序冲突问题。结合本文上述观点,应当取消对不涉及公共利益或公共秩序的植物新品种权侵权纠纷行政处理程序;与此相应,《农业植物新品种权侵权案件处理规定》也没有继续存在的必要。

2.《农业植物新品种权侵权案件处理规定》存在的具体问题

即便要保留植物新品种权侵权纠纷行政处理程序,《农业植物新品种权侵权案件处理规定》也存在一些固有问题。

(1)管辖的问题

《农业植物新品种权侵权案件处理规定》第3条规定“省级以上人民政府农业行政部门负责处理本行政辖区内品种权侵权案件”,与现行《种子法》冲突。关于植物新品种权侵权纠纷的管辖问题,现行《种子法》第72条第1款规定由“县级以上人民政府农业农村、林业草原主管部门”进行处理,而现行《植物新品种权保护条例》第39条第1款规定由“省级以上人民政府农业、林业行政部门”进行处理,《种子法》与《植物新品种权保护条例》存在冲突。鉴于现行《种子法》为2021年修订实施,《植物新品种权保护条例》为2014年修订实施,且在效力位阶上,《种子法》作为国家法律,属于上位法,而《植物新品种权保护条例》属于行政法规,是下位法,基于“新法优于旧法”“上位法优于下位法”的法律适用原则,植物新品种权侵权纠纷的管辖应当适用《种子法》第72条第1款的规定。《农业植物新品种权侵权案件处理规定》作为行政规章,根据《立法法》的相关规定,应当与《种子法》保持一致,因此需要对其第3条进行修订。

(2)诉讼时效的问题

为了避免与司法程序重复受案,《农业植物新品种权侵权案件处理规定》第4条以请求农业行政部门处理植物新品种权侵权案件应“在诉讼时效范围内”作为农业行政部门受理植物新品种权侵权纠纷的受案条件之一,并在第5条规定“请求处理品种权侵权案件的诉讼时效为二年,自品种权人或利害关系人得知或应当得知侵权行为之日起计算”。这类规定虽然是为了避免行政处理与司法程序重复受案,但在法理基础、条文内容、配套制度方面都存在问题。

在法理层面,诉讼时效是权利人请求人民法院保护其民事权利的法定期间。植物新品种权人或利害关系人请求农业行政部门处理植物新品种权侵权案件,并不是通过司法程序,而是通过行政程序,没有“诉讼”,则不存在“诉讼时效”。

在内容层面,即便我们从该类规定的制定目的、实用性角度出发,忽略其法理上的矛盾,此类规定的具体内容也仍存在问题。

第一,诉讼时效制度设立的目的是督促权利人行使权利,而不是为了消灭权利。相应的,诉讼时效经过并非意味着当事人的权利消灭,而仅仅意味产生了一项对方当事人的时效抗辩权,既然是抗辩权,就需要对方当事人主张才能适用。因此,《民法典》第 193 条规定:"人民法院不得主动适用诉讼时效的规定。"体现在立案上,意味着法院不能因为案件经过诉讼时效而拒绝立案。在植物新品种权侵权纠纷的行政处理案件中,行政机关和法院的角色一样,都是居中裁判,为了表现中立性,行政机关也不能主动适用诉讼时效规定;体现在立案上,行政机关也不能因为诉讼时效经过而拒绝立案,案件"在诉讼时效范围内"不能作为立案条件。因此,《农业植物新品种权侵权案件处理规定》第 4 条以请求农业行政部门处理植物新品种权侵权案件应"在诉讼时效范围内"作为农业行政部门受理植物新品种权侵权纠纷的受案条件并不合适。

第二,即使行政机关在植物新品种权侵权纠纷的行政处理程序中可以主动援引诉讼时效的规定,《农业植物新品种权侵权案件处理规定》第 5 条规定的 2 年诉讼时效也与《民法典》第 188 条所规定的 3 年的普通诉讼的诉讼时效相冲突。甚至,《农业植物新品种权侵权案件处理规定》作为部门规章,是否具有对诉讼时效进行立法的权力,本身就是一个值得探讨的问题。

第三,《民法典》上的诉讼时效制度有一系列的配套措施。如诉讼时效的计算方法,诉讼时效的中止、中断等,时效期间加上一系列的配套措施构成较为完整的时效制度。《农业植物新品种权侵权案件处理规定》虽然在第 5 条规定了诉讼时效期间,却没有相应的配套措施,实践中具体操作时也会面临困难。当然,《农业植物新品种权侵权案件处理规定》作为部门规章,是否有权力、是否有必要对诉讼时效配套制度进行立法,也是一个问题。

(3)处罚措施的问题

《农业植物新品种权侵权案件处理规定》第 11 条规定:“省级以上人民政府农业行政部门认定侵权行为成立并作出处理决定的,可以采取下列措施,制止侵权行为:……(三)没收违法所得;(四)处以违法所得 5 倍以下的罚款;……”

一方面,该条规定中,省级以上农业行政部门采取的第三项、第四项措施属于行政处罚,在没有涉及公共利益或公共秩序的情况下,行政机关就平等民事主体之间的侵权纠纷处以行政处罚,缺乏法律支持,也缺乏法律依据。

另一方面,该条规定与现行《种子法》与《植物新品种权保护条例》均存在冲突。《种子法》第 72 条第 6 款规定:“县级以上人民政府农业农村、林业草原主管部门处理侵犯植物新品种权案件时,为了维护社会公共利益,责令侵权人停止侵权行为,没收违法所得和种子;货值金额不足五万元的,并处一万元以上二十五万元以下罚款;货值金额五万元以上的,并处货值金额五倍以上十倍以下罚款。”《植物新品种权保护条例》第 39 条第 3 款规定:“级以上人民政府农业、林业行政部门依据各自的职权处理品种权侵权案件时,为维护社会公共利益,可以责令侵权人停止侵权行为,没收违法所得和植物品种繁殖材料;货值金额 5 万元以上的,可处货值金额 1 倍以上 5 倍以下的罚款;没有货值金额或者货值金额 5 万元以下的,根据情节轻重,可处 25 万元以下的罚款。”可见,《种子法》《植物新品种权保护条例》均强调涉及公共利益是在行政机关处理植物新品种侵权纠纷中适用行政处罚的前提,而《农业植物新品种权侵权案件处理规定》第 11 条并没有体现这一前提,将没收、罚款等行政处罚措施不加区分地适用于所有侵权纠纷中,这与现行法律、行政法规存在冲突。

(4)行政处理错误的救济问题

《农业植物新品种权侵权案件处理规定》第 11 条规定:“省级以上人民政府农业行政部门认定侵权行为成立并作出处理决定的,可以采取下列措施,制止侵权行为:(一)侵权人生产授权品种繁殖材料或者直接使用授权品种的繁殖材料生产另一品种繁殖材料的,责令其立即停止生产,并销毁生产中的植物材料;已获得繁殖材料的,责令其不得销售;(二)侵权人销售授权品种繁殖材料或者销售直接使用授权品种繁殖材料生产另一品种繁殖材料的,责令其立即停止销售行为,并且不得销售尚未售出的侵权品种繁殖材料;……(五)停止侵权行为的其他必要措施。"这些处理措施在性质上属于行政责令承担民事责任,与前述行政处罚相比,行政责令承担民事责任既有法理基础,也有法律依据。但是,《农业植物新品种权侵权案件处理规定》并没有设置行政处理错误时对当事人的救济程序,而实践中对侵权纠纷行政处理决定不服,当事人向人民法院提起诉讼的,诉讼期间并不停止行政处理决定的执行。这就带来一个问题,行政处理植物新品种权侵权纠纷时,行政机关可以作出"责令立即停止生产""责令立即停止销售""责令销毁生产中的植物材料""责令不得销售已获得的繁殖材料"等足以对涉案侵权人的生产经营活动造成不可逆的重大影响的措施,一旦法院认定行政机关的处理决定存在错误,涉案侵权人的损失将如何救济?

(5)程序重叠问题

《农业植物新品种权侵权案件处理规定》第 12 条规定:"当事人对省级以上人民政府农业行政部门作出的处理决定不服的,可以依法申请行政复议或者向人民法院提起行政诉讼。……"第 13 条规定:"省级以上人民政府农业行政部门认定侵权行为成立的,可以根据当事人自愿的原则,对侵权所造成的损害赔偿进行调解。必要时,可以邀请有关单位和个人协助调解。……调解未达成协议的,当事人可以依法向人民法院起诉。"由于是否存在侵权行为是事实问题,不能调解;而侵权赔偿是责任问题,可以调解,因此这样的规定有一定的合理性。但问题在于,这样的制度设计导致在同一个侵权纠纷中,对于是否成立侵权的行政处理决定,当事人不服的要提起行政诉讼;而对于侵权赔偿问题,当事人未达成调解的要提起民事诉讼；无论当事人提起什么性质的诉讼，法院都要对当事人的诉讼请求进行全面审查，使行政处理侵权纠纷在程序上既面临着行政诉讼与民事诉讼的重叠问题，又面临着行政程序与司法程序的重叠问题。

综上所述，我国《农业植物新品种权侵权案件处理规定》在法理和内容上存在一定问题，即便这些问题得到了妥善的处理，仍无法解决执法机构不统一、行政处理侵权纠纷与司法程序存在重叠性浪费等结构性问题。因此，本文建议废除《农业植物新品种权侵权案件处理规定》，并通过制定效力位阶较高的、统一的“植物新品种保护行政执法办法”予以解决。

结　语

在制度成本方面，植物新品种权的行政保护看似降低了当事人的维权成本，但增加了行政管理机构的综合运行成本，虚假举报等滥用行政保护的行为也造成了大量的行政资源浪费。在保护效率方面，植物新品种权的行政保护看似程序灵活、结案速度快，但行政处理具有非终局性，再走一遍司法程序反而使解决纠纷耗费的时间更长。即便进入司法程序，行政保护处理结果往往不被认可，使行政执法活动归于徒劳，不仅执法人员的积极性备受打击，客观上也造成了行政资源和司法资源的重叠浪费。建议将植物新品种权的行政保护分为对侵权纠纷的行政处理、对权属纠纷的行政调解和对假冒植物新品种权的行政查处。对假冒行为，由行政管理机构主动执法。对侵权纠纷，只有涉及公共秩序或公共利益的，行政管理机构才主动执法；对侵权纠纷是否涉及公共秩序或公共利益，由行政管理机构判断。体现在制度上，现行制度存在执法机构不统一、跨区域执法难度大、与上位法不协调等问题，建议废止《农业植物新品种权侵权案件处理规定》，制定效力位阶较高的、统一的“植物新品种保护行政执法办法”。

找准行政执法在植物新品种保护中的定位
完善配套规章制度的顶层设计

石秀秀*

摘　要：自 1997 年《植物新品种保护条例》颁布以来，国内植物新品种权保护一直处于缓慢探索发展阶段，而我国实行的行政与司法的双轨保护制度是具有中国特色的植物新品种权保护制度，没有更多国际经验可供借鉴，在学习借鉴国际司法保护制度的同时，我们需要探索完善与之同步且行之有效的行政保护制度。本文试图从执法人员认知理解、植物新品种权行政执法制度规定、当前形势下侵权行为发展的新特点等层面，分析目前植物新品种权行政执法面临的困惑与难题，帮助植物新品种权行政执法找准在植物新品种保护中的定位，并从制度层面完善植物新品种权执法有关配套规章，实现行政、司法双轨保护的真正落地。

关键词：植物新品种权行政执法；行政介入；法条竞合；侵权行为

引　言

近年来，植物新品种权的申请和授权数量增长迅速，国内种业市场同质化和仿冒问题严重，种业自主创新动力不足，国外新优品种引进困

* 石秀秀，江苏省农业农村厅农业综合行政执法监督局一级主任科员。

难,加强植物新品种知识产权保护的呼声日渐高涨。一是植物新品种权申请量激增。我国自 1999 年开始受理植物新品种权申请,2018 年度申请量达到 4800 多件,相当于前十年的申请总量[①],2018 ~ 2021 年的申请量逐年增加,分别为 4854 件、7062 件、7913 件、9721 件,2022 年度的申请量为 11, 999 件,授权 3375 件,连续 5 年位居《国际植物新品种保护公约》(以下简称《UPOV 公约》)成员首位。我国植物新品种保护制度实施 20 余年来,总申请量已突破 6 万件。[②] 这也就意味着,植物新品种权人的权利意识越来越强,需要获得保护的授权品种越来越多,侵权发生的可能性有了更大空间。二是植物新品种权侵权司法诉讼案件数量激增。2016 ~ 2020 年,我国法院审结涉植物新品种权纠纷民事案件共计 781 件,年结案量从 2016 年的 66 件上升到 2020 年的 252 件。其中侵害植物新品种权纠纷案件占比 85% 以上。[③] 三是涉及用种主体的侵权现象激增。随着土地经营权流转,种植大户、家庭农场等新型农业生产主体的规模经营越发普遍,单户用种数量陡增,侵权主体由生产经营环节延伸到用种环节。自 2018 年以来,农业农村部每年公布的植物新品种权保护十大典型案例中,涉及用种主体的侵权案件数量有明显增长,除了单纯的使用行为侵权,还存在以商品粮假冒授权品种的恶意侵权行为。

为进一步加大植物新品种保护力度,《种子法》进一步修订,中华人民共和国最高人民法院出台了新的司法解释,随着保护链条的延长,范围的拓展,植物新品种权行政执法老问题上又增添新问题,有制度规定本身的问题,有执法人员认知和理解问题,还有侵权案件自身演变出的新问题。

---

① 董峻:《我国农业植物新品种权年申请量居世界第一》,载人民政协网,http://www.rmzxb.com.cn/c/2019 - 04 - 23/2333491.shtml。

② 王宁:《我国农业植物新品种权申请量已连续五年位居世界第一》,载新浪财经网,https://finance.sina.com.cn/money/bond/2023 - 03 - 19/doc-imymkite3816495.shtml。

③ 张素:《5 年间中国法院涉植物新品种纠纷年结案量从 66 件到 252 件》,载中国新闻网,https://www.chinanews.com.cn/gn/2021/09 - 07/9560254.shtml。

新形势下,如何找准行政执法在植物新品种保护中的定位,发挥植物新品种权行政执法的积极作用,助力打好种业翻身仗,是加强植物新品种权行政执法的重要课题之一。

一、有关术语待统一界定,理解存在障碍

《种子法》修订后,关于植物新品种保护的环节与《UPOV 公约》1991 年文本保持一致,由原来生产、繁殖、销售扩展至生产、繁殖、为繁殖进行的处理、许诺销售、销售、进口、出口、为实施上述行为进行存储。但新修订内容多为对《UPOV 公约》的借鉴和引进,带有国外植物新品种保护发展的历史背景和特点,制度内有很多专业术语没有完全融入国内涉种法律法规等保护体系,对于执法人员而言存在语言理解上的障碍,同时,目前对于这些新概念缺乏统一界定。

(一)生产、繁殖

植物新品种保护最早起源于美国,最初纳入保护的是无性繁殖,且是以专利形式对无性繁殖的技术方法进行保护,直到 1970 年才对有性繁殖的植物新品种权实施了保护,后来又进一步扩展至无性繁殖的品种。所以《UPOV 公约》中的“reproduction (multiplication)”主要指无性繁殖,“production or reproduction (multiplication)”中的“or”更多的是指对繁殖方式的列举,而非并列关系,国内将其译为生产、繁殖,又没有明确二者的具体含义,并列作为植物新品种保护的两个环节的做法很容易引起理解上的歧义,也容易让执法人员搞不清楚两者的具体区别。2018 年,在一场研讨会上,来自中国工程院院士、北京林业大学、中国农业大学、国家林草局等的多名业界知名植物学家通过查阅《现代汉语大词典》、《植物学名词》(2017 年版)等有关材料,对生产、繁殖等有关概念达成共识,认为:“生产”是指人们使用工具来创造各种产品的过程;“植物生产”是指对繁殖材料的生产和对繁殖材料的栽培管理等,使其生长、发育,形成产品或创造价值的过程;“繁殖”是指植物形成新个体的过程,与生殖可以

通用。[①] 可见,生产更具社会属性,繁殖更具自然属性,但从本质上都是植物的生长发育产生后代的过程,且生产在一定程度上可涵盖繁殖,没必要并列为两个环节,定义为"生产或繁殖"更准确,也更符合公约的原意。

（二）为繁殖进行的处理

《植物新品种保护法律制度》一书将"为繁殖而进行处理"定义为种子从收获后到播种前所进行的处理的全过程,具体包括干燥、预加工、清洗、分级、选后处理、定量包装、贮存等行为。[②]《农作物种子生产经营许可管理办法》(2022 年修订版)第 30 条规定:"本办法所称种子生产经营,是指种植、采收、干燥、清选、分级、包衣、包装、标识、贮藏、销售及进出口种子的活动;种子生产是指繁(制)种的种植、采收的田间活动。"根据上述规定,除去生产经营环节的种植、采收外,种子经营应该指干燥、清选、分级、包衣、包装、标识、贮藏、销售及进出口种子的活动。那么在销售、进出口之前的种子干燥、清选、分级、包装等可认为是种子销售前的准备活动。定义里使用的"播种前的处理"又不只包含列举的内容,像浸种、锉伤种皮、草木灰拌种、冻裂、沙藏、药物处理等也属于"播种前的处理",但不再是种子销售前的种子处理,也就是文字的定义和环节列举之间存在矛盾。那么上述播种前的处理环节是不是"为繁殖进行的处理",目前没有定论。"播种前的处理"范围更广,符合文字"为繁殖而进行的处理"表面含义,但刘振伟等在具体环节的列举上,指的却是为实现"授权品种达到繁殖能力的质量标准"而进行的处理。本文认为,单纯从文字"为繁殖而进行的处理"上来看是更倾向于从生物学意义的角度,从商业活动的意义上来讲应该是"为实现种子销售即达到一定的'具备繁殖能力的质量标准'而进行

---

① bjzongke:《植物"繁殖"、"繁殖材料"及"生产"的科学释义,你知道吗?》,载植物新品种保护网 2018 年 7 月 18 日,http://www.newpbr.com/index.php? m = article&f = view&id = 145。

② 刘振伟、张桃林主编:《植物新品种保护法律制度》,中国民主法制出版社 2022 年版,第 39 页。

的一系列处理”。那么植物新品种权的保护中“为繁殖进行的处理”是更侧重生物学意义的角度,还是商业活动意义的角度,目前来看也没有定论。但从监管角度来讲,从商业活动意义角度更利于理解执法为了维护社会秩序的目的。

(三)许诺销售

许诺销售在国内最初出现在专利保护领域,1992年《专利法》首次修订时加入了许诺销售的内容,以期与《与贸易有关的知识产权协定》(以下简称《TRIPs协定》)保持一致。而“offering to sale”在国外是合同法常见的概念,意指销售的要约,宽泛一点还指销售的要约邀请。在专利法中翻译为许诺销售意在指向侵权产品的提供方,明确侵权行为的责任方。但是中华人民共和国最高人民法院在专利领域并没有将许诺销售定义为销售前要约等准备活动,而是界定为“是指以做广告、在商店橱窗中陈列或者在展销会上展出等方式作出销售商品的意思表示”①。进一步前移了销售前的环节,以尽早遏制侵权产品的流通行为。同时中华人民共和国最高人民法院在植物新品种权保护领域②也将上述展销行为认定为销售行为。但司法解释这样的规定难免形成误导:许诺销售本身是否仅仅指广告、展陈等进行的销售意思表示?合同要约、销售协议等是不是许诺销售?

刘振伟等认为,许诺销售③是指在销售行为实施前的特定阶段的特定行为,包括发布广告、展览、公开演示、寄送价目表、拍卖广告、招标广告以及达成销售协议等表明销售产品的行为,基本上可以包括实物交割前所有以销售为目的的宣传、邀约和订立合同及预付定金等行为,这一点与

① 《最高人民法院关于审理专利纠纷案件适用法律问题的若干规定》第24条。

② 《最高人民法院关于审理侵害植物新品种权纠纷案件具体应用法律问题的若干规定(二)》第4条。

③ 刘振伟、张桃林主编:《植物新品种保护法律制度》,中国民主法制出版社2022年版,第40页。

《欧共体专利条约》的观点基本一致,即任何商业意义上提供产品的意思表示均可被认定为许诺销售,可以是书面的形式,如合同要约、销售协议、预付定金等,也可以是口头形式,如电话、电传等,还可以是广告、展陈等面向不特定对象的宣传,只要符合了当事人有发生实际销售的主观意愿以及作出销售意思表示时产品处于在售的状态即可,[①]这种解释有其合理性。美国联邦巡回上诉法院2000年在Rotec Industies Inc. v. Mitsubishi Corp.案的判决书中,将许诺销售限定为合同意义上的销售要约,认为仅仅进行广告宣传并不构成侵犯专利权。

另外,行政执法在许诺销售调查取证方面临诸多难题:销售行为往往需要以销售票据、销售合同等证据材料共同证明销售行为,书面形式的许诺销售尚且可以通过销售合同、销售协议等进行取证;而对于以销售为目的的广告、展陈等活动,存在如何定性侵权人存在销售产品的主观意愿、如何取证等一系列问题。

(四)繁殖材料、种子

《UPOV公约》1978年文本和1991年文本对繁殖材料的定义没有明确,但《UPOV公约》1991年文本第16条第2款第1项的规定表明任何可用于繁殖该品种的植物或者部分(任何种类的材料)均被视为繁殖材料,并不仅限于种子。[②] 2017年发布的《关于依据〈国际植物新品种保护公约〉1991年文本制定法律的指南》"关于第14条'育种者权利适用范围'的说明"中对繁殖材料进行了非穷尽列举,同时指出会根据实际情况随时予以调整,但对繁殖材料亦未进行定义。

《种子法》第2条第2款明确了种子的概念,《植物新品种保护条例(修订征求意见稿)》第50条第1款第1项和《植物新品种保护条例实施

---

① 刘林东:《专利侵权抗辩之许诺销售》,载华律网2018年5月11日,http://lawyers.66law.cn/s2610973813222_anli46061.aspx。

② 该条原文为:"Article 16(2)[Meaning of "material"] For the purposes of paragraph (1), 'material' means, in relation to a variety, (i) propagating material of any kind, ..."

细则(农业部分)》第5条对繁殖材料的解释与《种子法》中的"种子"概念基本一致,但《种子法》本身对繁殖材料并没有具体规定,《进境植物繁殖材料检疫管理办法》第4条规定的繁殖材料的内涵远远广于种子。植物新品种保护作为单独一章纳入《种子法》,那么在《种子法》中的"种子"和"繁殖材料"含义是否一致,目前也没有明确。国外普遍做法是对繁殖材料进行列举,但是对于某一具体品种如何判定植物体的哪些部分为繁殖材料,也尚未明确。

(五)繁殖材料、收获材料

《种子法》第28条第3款将由授权品种的繁殖材料而获得的收获材料纳入了保护范围,即授权品的繁殖材料和收获材料都将得到保护,但《种子法》附则中未对授权品种的繁殖材料、由授权品种的繁殖材料而获得的收获材料进行明确的定义。

《UPOV公约》1999年文本第16条第2款第1项[①]对收获材料定义为使用授权品种繁殖材料获得的有关材料,包括植株整体或者部分,但并没有明确具体繁殖方式。《植物新品种保护条例(修订征求意见稿)》第50条第1款第2项明确"收获材料是指从品种的繁殖材料经过种植后获得的植物整体或者部分",将生产方式限制为种植方式,国际上收获材料包括的范围远远广于此。

将收获材料纳入保护范围,也正是因为繁殖材料和收获材料难以辨别,纳入全范围保护以避免侵权人以收获材料为由主张侵权产品不属于繁殖材料而逃避惩罚。国际植物新品种权联盟的会员认为当不能以任何方式生产具有相同特性的另一种植物品种的材料时,才应被视为法律意义上的收获材料。[②] 目前国际上对此也没有达成共识,随着科学技术,尤

① 该条原文为:"Article 16(2)[Meaning of "material"] For the purposes of paragraph (1), 'material' means, in relation to a variety, … (ii) harvested material, including entire plants and parts of plants, and …"

② 周翔、罗霞、游美玲:《植物新品种权中繁殖材料的认定》,载《人民司法》2020年第1期。

其是分子技术学的发展，利用植物提取细胞培养品种植物可能会越来越普遍且易得，二者的区分必将随着技术的发展而消失。收获材料不必然区别于繁殖材料，那么收获材料是否必然区别于种子？“新品种保护”作为《种子法》的一个章节，现实中侵权行为往往同时伴随其他违法行为，即该侵权的行为同时违反生产经营假种子的禁止性条款，此时通过假种子的有关规定作出行政处罚，在认定上更为直接高效，取证也更为简单。但是由于通过授权品种的繁殖材料获得的收获材料不再属于种子执法的范畴，只能通过侵权行为的有关规定予以处理，加上《种子法》第28条第3款规定了植物新品种权人对收获材料主张权利有一个前提条件，即收获材料是由“未经许可使用授权品种的繁殖材料”而获得，且植物新品种权人没有“合理机会”对繁殖材料行使权利，同时，《植物新品种保护条例（修订征求意见稿）》第47条新增了“合法来源抗辩条款”（“当事人不知道也不应当知道是侵权品种的繁殖材料、收获材料，并且能够证明有合法来源的，县级以上人民政府农业农村、林业草原主管部门应当责令停止侵权，可以依法免除或者减轻处罚”），加之收获材料进入流通环节之后会经历多个经营者，这就导致对收获材料侵权的认定和证据固定更为复杂。

此外，《种子法》第28条第4款规定对实质性派生品种实施该条第2款和第3款规定行为的，应当征得原始品种的植物品种权所有人的同意。考虑到我国特有的品种审定（登记）制度，那么对于实质性派生品种申请审定（登记）是否需要征得原始植物新品种权人的同意，尚无定论；同时，关于实质性派生品种的判断标准及认定方法目前也还没有出台相关规定。诸如此类，本文不再一一赘述。

二、相关制度待完善，执法操作存有困惑

（一）行政介入的困境

植物新品种权纠纷涉及植物新品种权侵权纠纷、植物新品种权申请

纠纷、植物新品种权许可纠纷、合作育种纠纷、权属纠纷等多种类型，在性质上，植物新品种权纠纷属于民事纠纷，多通过协商、调解、诉讼等民事纠纷处理方式来解决，而不是申请由行政机关来处理。但为了推动形成植物新品种权行政和司法“双轨制”保护，《种子法》在2015年修订时最早将植物新品种权侵权的处理纳入了农业综合行政执法体系，规定了县级以上农业行政主管部门可通过行政调解和行政处罚两种途径在植物新品种权侵权纠处理中发挥积极作用，同时也规定了相应的行政处罚措施。但由于公权介入私权本身具有有限性，能否介入、何时介入、如何介入、介入的边界一直都是大家讨论的难点，所以行政执法在植物新品种权侵权纠纷的处理上，也面临很多问题和争议。

首先，植物新品种权保护的行政介入属于“条件式介入”，即是“依申请介入”。植物新品种权侵权纠纷归根结底是民事纠纷，民事纠纷应通过司法途径解决，而非由行政机关处理，但对于植物新品种权纠纷的处理不应该消极被动，否则不符合我国的立法精神。将植物新品种权保护纳入农业行政执法的初衷就是用行政和司法的“双轨制”保护，取长补短，为当事人提供更多的法律救济途径。当事人可以自主选择由行政机关处理还是通过诉讼途径解决，对当事人是有利的，一是在一定程度上行政机关有获取证据的便利性，相较于诉讼，处理程序更为便捷，解决纠纷更为迅速；二是行政机关对侵权行为作出行政处罚有法律依据。

其次，植物新品种权纠纷处理不应消极被动，那么执法人员是否要主动介入?《种子法》第72条第1~2款强调了当事人自愿原则，即当事人不请求行政机关处理的，行政机关不能主动进行处理，即行政机关的介入的确是“被动介入”。那么到底应主动还是被动，行政执法陷入“两难”。植物新品种权人投诉后，行政机关作出调解回应，并视侵权具体情形予以立案，但投诉人在行政机关介入且侵权人答应调解后，经常会选择撤诉，对侵权人违法行为的有关证据不再予以认可和配合取证，行政机关难免落得被动。

最后,对于单纯侵权行为作出行政处罚决定的意义值得商榷。行政机关通常通过行政调解和行政处理(行政处罚)两种途径处理侵权纠纷。关于行政处理是否就是行政处罚,刘振伟等[①]认为行政处理的内容主要是对是否构成侵权进行认定,并对认定的侵权行为进行处理,即按照《种子法》的规定进行行政处罚;浙江省衢州市[②]等探索了以行政裁决方式对植物新品种权纠纷进行行政处理。至于行政处理是否仅仅指行政处罚,尚无明确规定,本文暂且认为行政处理指的就是行政处罚。行政调解不具强制力,当事人不愿履行或者反悔的,仍需要通过民事诉讼解决争议。行政机关作出的行政处罚亦不是终局性裁决,当事人可以就植物新品种权纠纷提起民事诉讼,就行政处罚决定本身仍可提起行政复议或行政诉讼,当民事诉讼的最终审判结果与行政机关认定的侵权行为不一致时,当事人完全有理由对行政机关作出的行政处罚决定提起行政诉讼,法院责令行政机关撤销行政处罚决定的可能性将很大。

(二)法条竞合(聚合)的困惑

《种子法》为品种权保护分列了两条线,一是植物新品种权侵权,二是假冒授权品种,同时还规定了假种子处罚、品种审定制度、生产经营管理制度等。《种子法》第 32 条第 3 款规定申请领取具有植物新品种权的种子生产经营许可证的,应当征得植物新品种权所有人的书面同意。侵权人生产经营授权品种种子,意味着未经植物新品种权人许可,那么侵权人在实施侵权行为的同时,还存在违反种子生产经营许可证的规定生产、经营种子的违法行为,甚至可能存在无种子生产经营许可证生产经营种子等违法行为。另外,根据《种子法》第 48 条第 2 款第 2 项的规

① 刘振伟、张桃林主编:《植物新品种保护法律制度》,中国民主法制出版社 2022 年版,第 54 页。

② 衢州市农业农村局:《衢州市农业农村局行政裁决事项信息(行政裁决事项:侵犯植物新品种权处理)》,载衢州市政府门户网:http://www.qz.gov.cn/art/2020/12/10/art_1229038671_2185974.html。

定,“套牌”侵权种子又符合假种子的定义[①],即生产经营“套牌”侵权种子的行为同时又违反了禁止生产经营假种子的法律条款。如果是以他人的授权品种假冒第三人的授权品种,则侵权的同时既构成“假冒授权品种”,又符合“假种子”的定义。所以无证生产经营种子、假种子、假冒授权品种等行为在法律责任上存在竞合。立法的初衷是对种子保护形成多重有效保护,但不可避免地导致在实践中执法人员理解不到位,简单机械照搬法条,导致对同样的违法行为作出不同的处罚决定。

首先,植物新品种权侵权包括技术检测判定侵权和相同品种名称推定侵权两种。技术检测判定侵权,是指如果生产经营的品种经过 DUS 测试或者 DNA 分子被鉴定为授权品种,那么,若该品种套用了授权品种的合法包装,则构成单纯侵权;若使用非法包装,则在侵权的同时还触犯了禁止生产经营假种子的条款。关于相同品种名称推定侵权,《种子法》第 27 条第 3 款将“一个品种一个名称”规定为品种名称管理的基本原则,在植物新品种权保护、品种审定、品种登记、推广、销售过程中均使用一个名称,这就意味着在法律上可以将使用相同品种名称的植物视为相同品种植物。[②] 即不需要验证品种类型,只要标注的品种名称为授权品种,即造成侵权。只有侵权人主张其与授权品种为不同品种,才需要进行检测,如果检测结果与授权品种不同,《种子法》第 72 条第 7 款和第 74 条第 1 款分别规定了生产经营假冒授权品种种子和生产经营假种子的法律责任,则又形成生产经营假冒授权品种和生产经营假种子在法律责任上的竞合。

其次,假冒授权品种包括多种类型,一是假冒植物新品种权登记证;二是以非授权品种假冒他人授权品种,此种类型与假种子形成竞合;三是以他人授权品种假冒第三人授权品种,这种类型同时符合植物新品种权

---

① 《种子法》第 48 条第 2 款第 2 项规定:“下列种子为假种子:……(二)种子种类、品种与标签标注的内容不符或者没有标签的。”

② 李菊丹:《论竞合性植物新品种侵权行为的判定与法律适用》,载《中国种业》2022 年第 12 期。

侵权、假种子、假冒授权品种三种违法行为的构成要件。所以在处理植物新品种权侵权案件时，经常面临法律适用条款的选择问题，不同执法机构、不同执法人员对同类型违法行为的具体处理和把握有所不同，甚至还会出现明显不当或法律适用的错误。

（三）关于植物新品种权侵权行为的行政处罚

上文已提及行政机关在处理植物新品种权侵权行为时，有行政调解和行政处罚两种处理途径。《种子法》第72条第6款规定“县级以上人民政府农业农村、林业草原主管部门处理侵犯植物新品种权案件时，为了维护社会公共利益”，可以对侵权行为作出处罚。我们有理由认为，当植物新品种权侵权行为发生时，很可能会伴随产生危害品种权管理秩序（如假冒授权品种）、违反种子生产经营制度（如无证或者违反种子生产经营许可证的规定生产经营）或品种审定制度的行为，此时可以适用《种子法》第72条第7款（第74条第1款）、第76条第1款、第77条第1款等，对于上述违法行为产生的法条竞合，目前缺乏统一的适用规则与依据。如果按照“法条竞合下，从重处罚”的原则，执法实践中通常会优先适用有关假种子的处罚条款，造成了对侵权处罚条款的架空。而如果是单纯的植物新品种权侵权行为，直接损害的是民事权益关系，根据《种子法》第72条第6款，只有损害了公共利益才能处罚，那么对于何种情况下可以认定为损害了“公共利益”，目前没有明确统一的标准，在给出关于“公共利益”权威的界定标准前，《种子法》第72条第6款对于植物新品种权侵权行为的行政处罚规定在执法实践中的意义并不大。同时，将收获材料纳入植物新品种权保护范围后因收获材料不再是种子，那么侵权物为收获材料的植物新品种权侵权行为脱离了《种子法》的法律保护范畴，是否有必要依据《种子法》对其作出行政处罚决定，目前也没有明确结论。

三、侵权新形态层出不穷，执法实践面临新挑战

随着新型农业经营主体发展，土地经营规模不断加大，单户用种数量

增多,植物新品种权侵权行为表现形态日趋复杂。随着侵权行为主体扩展延伸,用种主体侵权案例逐年增多,违法生产经营套牌侵权种子现象“冒头”明显,种子经营门店堂而皇之地销售“白皮袋”种子的现象普遍减少,但“白皮袋”种子却以更为隐蔽的方式在市场上流窜。这一系列的新问题、新形态给行政执法的调查取证带来新挑战。

(一)“白皮袋”种子销售躲进“青纱帐”

“白皮袋”种子销售作为植物新品种权侵权主要方式,一直是种子执法的主要打击对象。但目前“白皮袋”种子销售行为发生了新的变化,由以往的门店销售转为地下销售,侵权者通常会将侵权种子放置在种植大户或家庭农场主的仓库、粮食收购站仓储场所等,以商品粮买卖掩盖种子交易的事实,隐蔽性更强,在违法行为发现以及取证方面都更为困难。

一是通过“直销模式”规避市场检查环节。部分侵权行为人通过已有的关系网络和客户群体,并以家庭农场经营的形式自行繁种,将收获和收购的商品粮以种子名义进行销售,伪造商品粮生产经营假象,掩盖违法行为,通过点对点低价销售避开门店销售和经营环节,逃避执法检查。江苏省某市查处的一起以商品粮冒充某型号水稻种的假种子案件,作案团伙涉及种子企业原法人、粮食收购站负责人以及正规种子生产经营企业人员,依托家庭农场大肆销售“白皮袋”种子,涉案金额近50万元。

二是通过“撮合交易模式”销售侵权种子。即成立技术服务、农资服务等社会化服务组织,以为农户提供服务、收取服务费的名义变相销售侵权种子。利用数字网络建立微信群、QQ群等会员群,充分发挥了种植大户的集群效应,撮合买卖需求信息,完成会员的供种和用种需求,由于社会化的服务组织本身不属于行政执法的监管对象,从而规避执法检查,同时利用“大户自留种换种(交易)”规避处罚。江苏省某市处的一起案件中,服务公司通过提供大户自留种信息,会员自行交易,店铺营业金额超过1亿元,服务种植大户4600余名,其变相销售的某型号稻种采用白皮袋包装,无任何产品合格标识,也不向购买人出具任何合法票据,质量无法保障，给农业生产造成重大安全隐患，严重损害广大农民利益，扰乱种子市场秩序。

（二）有组织有预谋的套牌侵权披上“隐形衣”

“白皮袋”种子因没有种子标签，依据《种子法》第48条第2款第2项应认定为假种子进行处罚，而有的种子门店以包装袋破损为由向厂家索要种子包装袋，擅自包装授权品种种子，也就是通过“套牌”形式进行侵权。第一，相较于“白皮袋”种子，套牌侵权种子有着正规的合法包装，日常的执法检查无法发现问题。第二，对于套牌侵权种子，只有通过抽样鉴定才能知道其与包装标签标注的种子品种是否一致，而目前田间种植真实性鉴定的周期过长，成本较高，覆盖率不够，同时分子检测技术的受影响条件较多，分子检测方法还没有发挥出最大作用，跟不上现实的需要，给执法取证带来极大的困难。第三，同名品种验证手段存在局限性，目前田间真实性鉴定和DNA分子鉴定主要是同名品种验证，获得的鉴定报告是侵权案件中的关键核心证据，在植物新品种权侵权纠纷案件中使用率较高。一个品种只有与授权品种的标准样品进行比对，才能确定被检测品种是不是授权品种，但若没有标准样品，就无从得知具体品种。第四，对于生产环节的侵权行为，即使已经通过叶片等鉴定为侵权品种，由于其还未进入销售环节，制种基地的种子的“待售状态”以及货值如何认定，也尚未有明确的标准。

（三）规模种植主体以“自留种”玩起“障眼法”

由于土地的规模经营，单户用种数量较大，用种成本较高，商品粮和种子价格差较大，种植大户有较强的自行育种和低价购买不正规种子的需求，同时又有高于商品粮价格销售假种子的动机。一是“自留种侵权”越发普遍。由于侵权观念和认识不足，大部分种植大户认为自留种属于植物新品种权的“权利例外”，无须获得植物新品种权人的许可。二是受委托制种环节的制种主体留种及品种外泄。目前种植大户、家庭农场越来越多地参与受托制种，制种留种现象很普遍。而且种子委托生产制种环节过多,涉及主体过多,加上种子企业内部管理制度不健全,对制种监管不到位,导致受托制种品种通过不正当渠道流向市场。三是种植大户直接参与“白皮袋”种子销售的团伙作案,将品种优良的商品粮以自留种名义进行销售,赚取额外收益。作案对象分散,作案地点不固定,作案手段多样,这一系列新的侵权动态,都对行政执法创新执法手段提出了新要求。

四、有关建议

侵犯植物新品种权的行政执法很难、矛盾很多,是否就意味着行政执法在维护植物新品种权秩序、肃清侵权等违法行为上不能有所作为呢,答案是否定的。首先要认清植物新品种权侵权纠纷与打击侵权假冒伪劣种子之间的关系。我们常说的侵权纠纷是否单纯就是侵权?根据对植物新品种侵权案件的分析,单纯侵权的案件很少,2016~2021 年,江苏省发生涉种案件千余起,假种子案件近百起,单纯侵权案件不足 20 起。[①] 也就意味着,侵权行为经常伴随假种子案件发生,为维护种子生产经营秩序,行政执法部门当然要主动作为。

要突破植物新品种权行政执法“瓶颈”,必须要突破对植物新品种权行政执法的认知局限,不能单纯就执法谈执法,需要以植物新品种权行政保护谈行政执法,以行政保护谈植物新品种权保护。需要认识到植物新品种保护行政执法的重点不在执法,不然就会陷入执法的困境。

(一)理顺行政调解、行政处理、行政处罚、民事诉讼的关系

行政调解不是行政处理。行政机关可以依申请对植物新品种权纠纷涉及的赔偿数额进行调解,即调解的事项是民事赔偿的数额,这种调解属于行政机关对当事人之间的民事纠纷作出的调解,不具有强制力。《种子法》第 72 条第 6 款规定的行政处理指的是行政处罚,对于认定侵权成立

① 根据江苏省县级以上农业农村主管部门查处涉种案件数量统计而得。

后，是否需要对当事人的植物新品种权侵权行为作出行政处罚，本文认为对于单纯侵权案件，建议以行政调解为主，无论是否达成一致，应建议当事人以民事诉讼途径解决。对于存在植物新品种权侵权行为以外的其他违法行为，无论调解是否达成，都应依法查处。

(二)以监管强执法

一是执法关口前移，加强制种环节监管。抓住非法种子流出的“出口”，扩大制种环节的监管范围，不仅要加强对种子生产企业的种子监督抽查，还要覆盖制种基地监管和抽样检测，摸清企业委托制种情况，确认备案品种和实地制种品种是否一致，对受托制种户的制种进行不定期检测，在源头上压缩侵权行为的生存空间。

二是进一步加大销售环节对授权品种的执法检查。摸清省市县域内容易被侵权的重点品种的授权及销售备案情况，查看种子经营门店销售授权品种是否获得了植物新品种权人的授权许可。对未经授权许可的品种进行进一步抽样检测，确定是否为假种子，严查未经许可销售授权品种等侵权行为以及销售假种子等行为。

三是加强用种环节的执法监管。《种子法》并没有像《农药管理条例》那样对使用者进行义务性规定，但随着用种主体的类型变化，单个主体用种规模扩大，对用种环节的监管以及保证用种主体的种子合法来源的义务性规定应该进一步完善。提升植物新品种保护水平，需要补齐用种环节监管的“短板”，双向挤压违法行为的生存空间，对种植大户的用种来源、购种发票、商品粮销售去向进行筛查，保证用种来源合法正规。

(三)实现植物新品种保护“国际术语”中国化

完善植物新品种权保护立法语言与《种子法》的统一和融合，简单照搬《UPOV 公约》内容对于国内的植物新品种保护而言，有一定的局限性，存在语言上的断层，应加强立法解释，完善“繁殖材料”“收获材料”等新概念的内涵。一方面，品种保护的基本框架有与国际保持相对一致的必要性和需要;另一方面,国内独有的行政保护与司法保护的双重保护机制,又要求我们必须要探索一条中国特色的植物新品种保护道路,在加大民事司法保护的同时,还要进一步完善行政保护的配套规章制度,为执法人员提供植物新品种保护的行政执法依据和操作指南。

第三部分　农业生态安全

《生物安全法》视野下新兴生物技术的规制

——以《农业转基因生物安全管理条例》修订为例

李　欣　刘旭霞*

摘　要:新兴生物技术基于其巨大的发展潜力,已成为世界各国的必争领域,如何处理好技术两用性问题成为各界讨论的焦点。本文通过分析国际生物安全与新兴生物技术战略态势来论证对新兴生物技术规制的需求性,基于我国当前新兴生物技术规制的现实情况,借鉴美国、欧盟及加拿大的域外经验,为我国《农业转基因生物安全管理条例》的修订与完善提供了相应的对策建议。

关键词:新兴生物技术;生物安全;法律规制

引　言

近年来,新兴生物技术呈现迅猛的发展趋势,在农业领域,农业育种

* 李欣,华中农业大学文法学院硕士研究生;刘旭霞,华中农业大学文法学院教授。

实现了从杂交育种—分子育种—智能设计育种的飞跃。[①] 利用新兴生物技术对动植物的性状进行改良或赋予其新的优良性状,颠覆了原有的育种理念与路线。新兴生物技术所带来的颠覆性与革命性对法律的规制也提出了挑战。《农业转基因生物安全管理条例》(以下简称《条例》)是我国规制转基因等新兴生物技术的重要法律,但随着技术的变革与社会的发展,现行《条例》在《生物安全法》实施的背景下已出现了明显的滞后性。2020 年公布的《生物安全法》第 5 条规定:"国家鼓励生物科技创新,加强生物安全基础设施和生物科技人才队伍建设,支持生物产业发展,以创新驱动提升生物科技水平,增强生物安全保障能力。"2021 年,习近平总书记在中共中央政治局第三十三次集体学习时强调"要促进生物技术健康发展,在尊重科学、严格监管、依法依规、确保安全的前提下,有序推进生物育种、生物制药等领域产业化应用"。可见我国对于生物技术产业化给予了高度关注,政策上的支持也为《条例》的修订提供了契机。

一、需求性:国际生物安全与新兴生物技术战略态势的环境驱动

随着新兴生物技术的研究与应用的深入,其所带来的机遇、风险以及利益冲突越发明显。在世界范围内,各界对于新兴生物技术带来的生物安全问题表示担忧,但同时通过新兴生物技术推动产业升级所呈现的经济效益与社会效益也是不容置疑的。各国推进实施的生物安全战略,将新兴生物技术产品本身的安全评估,以及误用、滥用的风险都纳入监管体系之中,以保障国民安全。同时,这些国家对于新兴生物技术的发展前景也高度关注,并实施了各项生物经济战略,以抢占新兴生物技术及其产业发展的领先地位,各国在加大科研投入、推进技术成果转换、加快产业发

① 林敏:《农业生物育种技术的发展历程及产业化对策》,载《生物技术进展》2021 年第 11 期。

展方面的目标是相同的。[①]

美国政府2018年发布了《国家生物防御战略》[②],将自然形成的生物安全危机、恐怖分子实施的蓄意生物袭击和意外发生的生物事故视为生物安全威胁的三大主要来源;2012年发布了《国家生物经济蓝图》[③],将鼓励生物技术研发、推动技术成果产业化、减少监管障碍等作为联邦生物经济战略目标。英国2018年发布了《英国国家生物安全战略》[④],将生物安全定义为威胁英国及英国利益的生物风险,包括自然产生的风险、实验室意外释放危险物质的低概率风险或恶意的生物攻击风险。同年发布了《到2030年的国家生物经济战略》[⑤],将"大力发展生物经济,最大化现有英国生物经济资产的生产率和潜力,为英国经济提供真正的、可衡量的利益,创造合适的社会和市场条件,使创新的生物基产品和服务得以蓬勃发展"作为战略目标。由于英国经济环境的改变,这一战略在2021年7月被新的创新战略(《英国创新战略:通过创造引领未来》[⑥])所取代。新的战略强调通过充分利用英国的研究、开发和创新体系来支持企业创新,由

① 刘冲、邓门佳:《新兴生物技术发展对大国竞争与全球治理的影响》,载《现代国际关系》2020年第6期。

② US Federal Government, *National Biodefense Strategy*, The White House (Sept. 9, 2018), https://trumpwhitehouse. archives. gov/wp-content/uploads/2018/09/National-Biodefense-Strategy. pdf.

③ US Federal Government, *National Bioeconomy_Blueprint*, The White House (Apr. 26, 2012), https://obamawhitehouse. archives. gov/sites/default/files/microsites/ostp/national_bioeconomy_blueprint_april_2012. pdf.

④ UK Home Office, *UK Biological Security Strategy*, GOV. UK (Jul. 12, 2018), https://assets. publishing. service. gov. uk/government/uploads/system/uploads/attachment_data/file/730213/2018_UK_Biological_Security_Strategy. pdf.

⑤ UK Department for Business, Energy and Industrial Strategy (BEIS), *Growing the Bioeconomy Improving Lives and Strengthening Our Economy: A National Bioecono My Strategy to* 2030, GOV. UK (Dec. 5, 2018), https://haseloff. plantsci. cam. ac. uk/resources/SynBio_reports/181205_BEIS_Growing_the_Bioeconomy__Web_SP_. pdf .

⑥ UK Department for Business, Energy and Industrial Strategy (BEIS), *UK Innovation Strategy: Leading the Future by Creating It*, GOV. UK (Jul. 12, 2021), https://assets. publishing. service. gov. uk/government/uploads/system/uploads/attachment_data/file/1009577/uk-innovation-strategy. pdf.

此可以看出,英国政府的目标是把生物经济战略融入更加宏观的创新战略。俄罗斯2019年发布《2019~2027年俄罗斯联邦基因技术发展规划》[①],以促进基因技术在农业、医药、工业微生物领域的应用。日本2019年发布《生物战略2019——面向国际共鸣的生物社区的形成》[②],将"到2030年成为世界最先进的生物经济社会"作为战略目标,并提出建立生物优先思想、建立生物社区、建立生物数据驱动等基本方针。我国高度重视生物安全问题,习近平总书记在中央全面深化改革委员会第十二次会议上强调把生物安全纳入国家安全体系,系统规划国家生物安全风险防控和治理体系建设。《中华人民共和国国民经济和社会发展第十四个五年规划和2035年远景目标纲要》提出要建立健全生物安全风险防控和治理体系,全面提高国家生物安全治理能力,建立健全生物技术研究开发风险评估机制,加快发展生物育种等产业,做大做强生物经济。

二、现实性:我国新兴生物技术规制不足、亟须完善的发展导向

新兴生物的规制需要具体落实于立法之中,我国早在2001年就制定了《条例》。该条例是我国目前对以转基因为代表的新兴生物技术的进行规制最具代表性也最为全面的行政法规。2021年正式实施的《生物安全法》是我国生物安全领域的首部基本法,为我国生物安全风险防控与治理指明了方向,并作出了顶层设计。两者为我国新兴生物技术提供了原则指导与规范性指引。虽然实施时间横跨20年,但两者在对于新兴生物技术法律规制的价值选择上依然是契合的。《生物安全法》第1条明确规定:"为了维护国家安全,防范和应对生物安全风险,保障人民生命健康,保护生物资源

---

① 贾晓琪:《俄罗斯批准〈2019~2027年联邦基因技术发展计划〉》,载中国科学院科技战略咨询研究院网,http://www.casisd.cn/zkcg/ydkb/kjqykb/2019/kjqykb201906/201908/t20190830_5373967.html。

② 尚生:《日本出台生物经济战略2019》,载生物经济发展研究中心网2019年8月1日,http://www.bioec.org/bioec/b659.html。

和生态环境，促进生物技术健康发展，推动构建人类命运共同体，实现人与自然和谐共生，制定本法。”《条例》的立法目的被包含在《生物安全法》的立法目的之中，即“加强农业转基因生物安全管理，保障人体健康和动植物、微生物安全，保护生态环境，促进农业转基因生物技术研究”。《生物安全法》与《条例》对于加强生物安全管理、维护生物安全、保障人体健康、保护生态环境、促进生物技术研究等的追求在立法目的上做到了统一。此外，《生物安全法》与《条例》在立法过程中严格贯彻了风险预防原则、全程管理原则。《生物安全法》与《条例》都将风险预防摆在首位，建立了分级管理评价制度与生物安全评价制度，对于风险预防问题进行了积极回应。生物技术的各个环节紧密联系，因此应当进行全程管理，在当前的生物安全立法中，《条例》在体现全程管理原则方面是最具代表性的，管理措施覆盖研究与试验、生产与加工、经营、进口与出口全程。虽然《条例》与《生物安全法》在总体方向上是一致的，但面对新兴生物技术研发与应用的现实需求，《条例》仍存在与当前新兴生物技术发展不相适应之处。

（一）《条例》未能有效平衡风险预防原则与科学发展原则

《条例》未能较好地平衡风险预防原则与科学发展原则的关系，过度地偏向于风险预防原则。同欧盟一样，我国对于转基因等新兴技术产品的风险评估基于生产方法，而非基于产品本身的特性，尽管转基因产品在20多年中并未出现任何有害的消费记录，但转基因产品依然与传统生物技术产品使用着不同的评估标准，给我国转基因商业化造成了严重阻碍，也使前期对于技术研发的巨大投入难以转化为具有经济效益与社会效益的现实成果。我国可以借鉴美国、加拿大的做法，基于产品本身的新特性对新兴生物技术产品进行评价。任何新技术与新产品都带有一定的未知性，也具有一定的风险，如果追求绝对的安全，技术将难以取得突破，应当理性地看待新兴生物技术的成果，就如加拿大政府所言，安全并不是完全没有风险，而是“可接受的风险”；监管的目标并非确保新兴生物技术的研发与应用完全安全、完全不存在任何风险，而是评估风险是否可控，是否可接受。[①] 当前对于转基因的评价更多采用“安全评价”一词,但笔者认为使用“风险评价”或“风险评估”更为适宜,我们的社会不是真空的社会,而是风险与机遇并存的社会,极端地追求安全将会导致我们在与他国的新兴生物技术竞争中处于劣势。

(二)《条例》监管范围不足以全面规制新兴生物技术

《条例》当前的监管范围过于狭窄。虽然《条例》将农业转基因生物定义为“利用基因工程技术改变基因组构成,用于农业生产或者农产品加工的动植物、微生物及其产品”,但其制定时显然将规制对象更多地偏向于转基因这一技术。改变基因组构成的新兴生物技术还包括基因编辑、合成生物等,随着生物领域研究的深入,未来必将出现更多的新兴生物技术。前述部分国家的立法中,并未将规制的对象局限为转基因,这就为新兴生物技术未来的发展留出了空间,也使法律更具有前瞻性和灵活性。我国也应当顺应技术进步的需求,及时对《条例》进行修订,可将《条例》中的“转基因”一词替换为“新兴生物技术”等词,以满足对各类新兴生物技术本身及其产品加以规制的需要。

(三)《条例》作为具体规范与上位法的适用衔接不够完善

《条例》的具体规范与其上位法《生物安全法》衔接不足。以对风险等级的划分为例,《生物安全法》第36条所规定的分级管理评价制度将生物技术研究开发活动分为高风险、中风险以及低风险三类,而《条例》第6条规定将农业转基因生物按照危险程度划分为Ⅰ、Ⅱ、Ⅲ、Ⅳ四个等级。由此可见,在风险评估层面,对于研发活动和最终产品(生物体)的评估所适用的并非同一套标准。由于对这两个标准应当如何衔接尚无明确的规定,这在一定程度上增加了风险管理的难度。在职责划分方面,《生物安全法》第10条规定建立国家生物安全工作协调机制,《条例》第5条则规

---

① Canadian Food Inspection Agency, *Regulating Agricultural Biotechnology in Canada*, Government of Canada(Jul. 19,2016), https://inspection.canada.ca/plant-varieties/plants-with-novel-traits/general-public/regulating-agricultural-biotechnology/eng/1338187581090/1338188593891.

定由国务院建立农业转基因生物安全管理部际联席会议制度。根据《条例》第5条的规定,农业转基因生物安全管理部际联席会议承担着农业转基因生物安全管理工作中重大问题的研究与协调职责;而根据《生物安全法》第11条的规定,国家生物安全工作协调机制的职责为分析研判国家生物安全形势,组织协调、督促推进国家生物安全相关工作。这两个机构的主要职能均为研究与协调。因此,有必要进一步追问,国家生物安全工作协调机制与农业转基因生物安全管理部际联席会议的关系是什么;二者是否存在着上下级的隶属关系;在具体的转基因生物安全工作上,两个机构之间又应当如何进行协调与管理。这些问题说明,随着《生物安全法》的出台,未来对管理转基因生物安全的机构及其职能划分以及具体的工作安排仍需要更为明确的制度设计。在信息共享方面,《生物安全法》第16条规定国家建立生物安全信息共享制度,第26条规定有关单位和个人的生物安全违法信息应当依法纳入全国信用信息共享平台,有关转基因生物安全的信息披露应当与之适应。但《条例》尚未对转基因生物安全的信息披露进行规定,这反映出《条例》相较于《生物安全法》已经呈现出一定的滞后性。在法律责任方面,《条例》第七章"罚则"部分规定的罚金数额较低,且与《生物安全法》第九章"法律责任"部分规定的罚金幅度不一致,需要进行一定的调整。此外,《生物安全法》第26条第1款第4项规定县级以上人民政府有关部门有权查封涉嫌实施生物安全违法行为的场所和设施,这种处罚方式也未在《条例》中规定。

(四)未适应国际贸易的发展

当前,部分国家基于监管转基因产品多年的风险数据分析对其安全评估进行了简化,但我国仍不能接受没有在中国进行核查试验的国外安全测试数据,这使国际贸易中的外国开发商遭受到阻碍。我国对于转基因产品的审批期限较长,例如,根据2013年原农业部(现为农业农村部)办公厅发布的《农业部科教(转基因)行政审批工作规范》(农办科〔2013〕14号),农业转基因生物材料的入境审批需要先就申请材料的完整性进行审查,然后再经过原农业部科技发展中心初审通过之后方能进入安全委员会评审阶段。评审后,原农业部科技教育司要提出审查意见,办理签报。由原农业部行政审批综合办公室对审批决定和批件进行复核,复核通过的方可办结并进行公示,不通过的退回原农业部科技教育司重新办理。整个流程下来,除去申请人收集、补充材料的时间,规定的办理时限超过六个半月。《条例》在进出口环节上对国外的生物技术产品规定了过于严苛的标准,在一定程度上阻碍了技术成果在国内市场的流通。在新兴生物技术飞速发展的国际大趋势下,有必要对《条例》中有关进出口的规定予以修订。

三、方向性:域外新兴生物技术规制经验的借鉴与转化

(一)美国

美国农业部基于2017年新修订的协调框架,对生物技术产品的监管方式进行了一定的调整。一是在风险评估方法上的更新。现有的评估方法关注的是产品所具有的新特性,而不会对其全部特性逐一进行考察,因为监管部门的重点在于发现产品所可能带来的新的风险。美国的最新举措可以说是在最终产品的评价方法的基础上更进一步简化了审查程序,既节约了监管成本,又减少了开发者的监管负担。① 二是确立了更加开放的自愿原则。② 以美国农业部最新修订的农业生物技术法规(7CFR Part 340)为例,对于相关基因工程产品是否符合豁免要求,由开发者根据法律所列明的具体情形来自行决定其是否需要申请确认豁免资格。此举充分肯定了开发者的自主选择权,可以最大限度地减少非必要监管环节的参

① US Department of Agriculture, *Revised Biotechnology Regulations* (*Previously SECURE Rule*), Animal and Plant Health Inspection Service(Feb. 21,2024), https://www.aphis.usda.gov/biotechnology/regulations/secure-rule.

② 刘旭霞、杨安珂:《美国SECURE规则评析及其对中国的启示》,载《中国生物工程杂志》2020年第9期。

与。美国的监管目的在于确保联邦监管系统能够有效评估未来生物技术产品的风险，同时支持创新、保护国民健康和环境，促进公众对监管过程的信心，增加透明度和可预测性，减少不必要的成本和负担，避免不合理地抑制创新、污名化新兴生物技术或制造贸易壁垒。[①]

（二）欧盟

欧盟对待生物技术研发和应用的态度十分谨慎，在监管措施上贯彻的是严格的风险预防原则。之所以采取严格的风险预防原则，一方面是由于最早在进行转基因立法时，欧洲地区正面临"疯牛病"等食品安全问题的挑战，导致决策者在对待利用新兴技术开发的食品的安全评价上采取了更加严苛的标准；另一方面，相较于美国而言，欧洲地区对待新兴技术的态度本身就较为保守，导致其在转基因技术的研发和应用都滞后于后者，这也间接造成了欧盟在转基因相关立法上没能很好地适应技术的发展。[②] 随着新的生物技术，特别是基因编辑技术的出现，更是给现有的立法提出了挑战，是继续采用原先严格的风险预防原则以保障绝对的安全，还是放宽监管举措来促进新兴技术的发展和应用，无疑是摆在欧盟面前的一个重大问题。从目前的形势来看，欧盟已经向外界传达出了一些态度转变上的信号。2019 年 11 月 8 日，欧盟委员会接受欧盟理事会的申请，就 2018 年欧洲法院在 C－528/16 号案件中关于新基因组技术在欧盟法律下地位的判决进行研究，在那份判决中，欧洲法院认定新的基因工程生物（如利用基因编辑开发的生物）必须按照现有的欧盟转基因法律进行

---

① US Department of Agriculture, *Revised Biotechnology Regulations* (*Previously SECURE Rule*), Animal and Plant Health Inspection Service(Feb. 21, 2024), https://www.aphis.usda.gov/biotechnology/regulations/secure-rule.

② 胡加祥：《转基因食品安全性的法律思辨——"无罪推定"还是"有罪推定"》，载《法学》2015 年第 12 期。

监管,因为豁免它们"将危及保护的目标","将不尊重预防原则"。[①] 欧盟委员会通过组织专家讨论研究,于2021年4月29日发布了一份研究报告,给出的结论是可能需要更宽松的规则来允许使用新技术生产的基因工程生物。[②] 欧盟委员会接下来还将组织一场高级别的讨论会来研究新的监管框架。可以预见,未来欧盟在新兴生物技术的立法上将会采用不同于现在的监管理念。

(三)加拿大

加拿大对于新兴生物技术的监管也较为宽松。加拿大的监管目的是保护人类、动物健康和环境安全,防止消费者遭受欺诈,完善和维护便利贸易的国际质量和安全标准。[③] 加拿大的监管原则是:尽可能在现行立法的基础上进行完善,而不是进行新的立法来管理正在开发的新产品;根据生物体中所表达的新性状而不是基于其产品的开发方法来管理产品;根据每个产品的独特性进行评价,并根据最佳科学信息确立适当的安全级别。加拿大对于"安全"的定义并非意味着完全没有风险,而是看其是否处于"可接受的"风险水平,如果风险不能接受,申请将被拒绝。加拿大食品检验局和加拿大卫生部对新兴生物技术产品的安全性和有效性进行监管,但不负责评估需求,这些产品是否被接受由市场来决定。[④]

---

① Judgment of the Court, *InfoCuria Case-law* (Jul. 25, 2018) https://curia.europa.eu/juris/document/document.jsf? text=&docid=204387&pageIndex=0&doclang=EN&mode=req&dir=&occ=first&part=1&cid=3337064.

② Canadian Food Inspection Agency, *Regulating Agricultural Biotechnology in Canada*, Government of Canada (Jul. 19, 2016), https://inspection.canada.ca/plant-varieties/plants-with-novel-traits/general-public/regulating-agricultural-biotechnology/eng/1338187581090/1338188593891.

③ Canadian Food Inspection Agency, *Regulating Agricultural Biotechnology in Canada*, Government of Canada (Jul. 19, 2016), https://inspection.canada.ca/plant-varieties/plants-with-novel-traits/general-public/regulating-agricultural-biotechnology/eng/1338187581090/1338188593891.

④ Canadian Food Inspection Agency, *Regulating Agricultural Biotechnology in Canada*, Government of Canada (Jul. 19, 2016), https://inspection.canada.ca/plant-varieties/plants-with-novel-traits/general-public/regulating-agricultural-biotechnology/eng/1338187581090/1338188593891.

四、构建性:我国《条例》完善修订方向的对策建议

《条例》于2001年5月发布,虽在2011年和2017年进行过修订,但整体来看,对原先法规的内容变动幅度较小,且并未进行原则性的调整。基于上述对于国内外现状的分析,笔者认为《条例》作为我国新兴生物技术规制的主要法律,为应对新兴生物技术所带来的颠覆性与革命性,应当适时予以修订,具体建议如下。

(一)贯彻"科学发展与风险预防"并重的原则

发展转基因这类既具有一定技术风险又具有巨大利用价值的新兴生物技术,确保技术应用的安全性是必要的,但同时也不应当基于无法证实是否存在风险而采取过于严苛的态度,应当给予转基因技术适当的生存和发展空间。在美国、巴西等对转基因技术采取较为开放态度的国家,转基因技术在数十年间已为其创造了巨大的经济效益与社会效益,目前大多数学者对于新兴生物技术往往采取谨慎保守的态度,更多地关注生物技术所带来或可能带来的风险,采取过度的风险预防原则,没有科学地判断新兴生物技术的风险问题,如果我们不及时转变对新兴生物技术产品的态度,在与他国的新兴生物技术竞争中将处于劣势。现行《条例》的立法目的局限于"促进农业转基因生物技术研究",而并未提及推动转基因技术的应用,如果仅仅停留在研究层面,不积极推动成果转化,不实现产业化与商业化,新兴生物技术的重大价值将无法实现。科学发展原则要求我们理性客观地看待新事物存在的风险,我们所追求的安全不是完全没有风险,而是风险可控、风险可接受。对待新兴生物技术产品不可因噎废食,应当以其本身的新特性作为风险评估的依据。

(二)从《条例》逐步过渡到《新兴生物技术管理法》

新兴生物技术的本质都是对生物DNA进行修饰与改造,当前的《条例》中并未对转基因技术进行定义,而是界定了哪些属于《条例》需要监管的"农业转基因生物",即利用基因工程技术改变基因组构成,用于农业生

产或者农产品加工的动植物、微生物及其产品。而新兴生物技术(如基因编辑等)也属于改变基因组构成的基因工程技术,因此利用这一技术开发的农产品同样应当受到《条例》的监管。此外,新兴生物技术的研发和应用同样也需要进行安全评价。对此,可以统一制定科学的安全评价方法和评价标准来进行系统化的管理。具备了统一的方法和标准,就可以据此制定一部综合性的法律来规范各种类型的新兴生物技术及其产品,这样既可以节省立法成本,也为后续新的技术和产品的出现预留了规制的空间。此外,现行《条例》标题中的"安全"也应当删去,新兴生物技术作为一种具有广阔应用前景、能够带来巨大效益的技术,对它的管理不应当仅仅局限于安全问题上。过度强调安全不仅会限制技术与产业的发展,而且还会使公众对新兴生物产品产生抵触心理。应当在关注安全的同时注重对新兴生物技术产业发展的引导与支持,为新兴生物的发展提供必要的法治保障。

(三)构建国内外技术数据互认机制

当前我国不承认在我国境内未经核查实验的国外转基因安全测试数据,而部分类型转基因产品的审核时间较长,这使国外的转基因产品进入国内市场时已丧失新颖性,长远看来将会对国际贸易产生十分不利的影响。如果安全测试数据是科学客观的,在真实性可以保证的前提下不同国家之间的数据互认既可保障产品的安全性,亦可极大地降低产品跨国交易的成本。为确保数据的可靠,可通过建立目前较多国家使用的"良好实验室操作规范"(Good Laboratory Practice,以下简称 GLP 体系),GLP 体系是一种包括适用范围、人员的职责、质量保证体系、标准化操作规程、实验数据的电子采集系统、档案的管理和储存等的内容的质量管理体系。目前 GLP 体系已在我国的药品研发中得到适用,为其适用于新兴生物食品等产品积累了一定经验。通过 GLP 体系可减少误差,避免由于数据核查而造成的人力与时间的浪费,进而为国际贸易的发展提供助力。

（四）深化《条例》与《生物安全法》的适用与衔接

《条例》与《生物安全法》的衔接需要落实于具体的机制之中，而现行《条例》与《生物安全法》所规定的各种机制在协调上仍存在不足。其一，《生物安全法》第10条新设立的国家生物安全工作协调机制与《条例》第5条规定的农业转基因生物安全管理部际联席会议制度之间属于何种关系以及更为具体的工作应当如何分工等问题现阶段还尚未予以解决。其二，目前两法在最基本的风险等级划分上采用的是不同的标准，如前所述，《生物安全法》第36条规定的分级管理评价制度将风险分为三个等级，而《条例》第6条则规定将风险分为四个等级。笔者认为，《条例》对风险等级的划分应与上位法统一。其三，《生物安全法》第16条要求有关部门将生物安全数据、资料等信息汇交国家生物安全信息平台，实现信息共享，新兴生物技术的相关信息也应当纳入该平台。其四，全面的执法手段是高效管理的前提，《条例》应当增加如《生物安全法》第26条第1款第4项所规定的查封涉嫌实施生物安全违法行为的场所和设施等执法手段。其五，对于违法责任的追究，当前《条例》规定的处罚金额的上限为20万元，相较于《条例》第七章罚则部分列明的违法行为可能造成的风险以及可能获得的巨大违法收益而言明显过低，建议将《条例》所规定的处罚金额上限调整为《生物安全法》第75条所规定的200万元，以达到惩处、教育、引导与预防的目的。

结　语

在《生物安全法》视野下对新兴生物技术进行规制，对《条例》及时进行修订是法治政府建设的要求，也是“放管服”改革的需要。处理好政府与市场的关系是深化“放管服”改革的关键，要明确在市场经济的环境中，政府与市场应当如何定位。一方面要通过简政放权将应当由市场调节的交还给市场，另一方面要优化政府服务，发挥好政府的职能。[①] 在国内市

① 参见沈荣华：《推进“放管服”改革：内涵、作用和走向》，载《中国行政管理》2019年第7期。

场,当一款新兴生物技术产品已经顺利地通过了安全评价,且获得了生产和经营许可,那么接下来就应当交由消费者自行决定是否需要购买该产品,此时任何行政主体均无权干涉消费者的选择。政府部门的职责在于确保相关产品的安全性,不断优化产品的安全评价机制,而不是指导消费者对产品进行选择。在国外市场,构建 GLP 体系,促成数据互认,便利国际贸易,促进国际领域的合作与发展。《条例》的适时修订一方面要与《生物安全法》有效衔接,以进一步完善未来我国生物技术领域的立法和政策,另一方面要立足于国际,逐步深化对外合作,加强国际交流,共享科技成果,推动新兴生物技术产业的全球化发展。

河北省农业面源污染治理问题及法律对策

李　喆*

摘　要：在《乡村振兴促进法》明确提出要加强农业面源污染防治的背景下，河北省农业发展粗犷化、农药施用过度化、农村污染普遍化的症结尚未根除，给河北省农业生态环境保护发展造成阻碍，因此需要运用政策、法律手段予以规范。然而，河北省有关农业面源污染治理的立法尚有不足，因此要建立健全农业面源污染防治法律体制，贯彻绿色发展和循环经济的立法基本理念，坚持风险预防、经济激励、协同参与的立法基本原则，落实农业清洁生产与生态标识制度、农业绿色税费与环保补贴制度、农村协同治理与公众参与制度和严格的农业面源污染法律追责制度，使河北省对农业面源污染防治有一套高质量的、具备可行性与系统性的法律体系，更好地落实《乡村振兴促进法》相关要求，促进河北省农业实现科学绿色发展。

关键词：河北省农业面源污染；乡村振兴促进法；地方立法

引　言

农业面源污染已经成为全国生态环境保护的热点问题，《乡村振兴促

---

* 李喆，中国农业大学人文与发展学院硕士研究生。

进法》第五章也明确提出要加强农业面源污染防治,[①]因此,有必要建立健全法治体系以防治农业面源污染。目前,湖北省荆门市已经率先出台专门性地方条例《荆门市农业面源污染防治条例》防治农业面源污染,面对河北省农业面源污染现状,应在借鉴国内外先进经验的同时,出台专门性地方条例,促进河北省农业绿色发展。

一、河北省农业面源污染主要类型及其危害

河北省农业面源污染正面临来自内部和外部的双重压力,正确认识河北省农业面源污染的类型与危害,有利于运用法治手段推进河北省农业面源污染的治理工作,精准施策,促进河北省农业全面绿色转型。[②]

(一)种植业污染

在农村种植业方面,河北省是农业种植大省,同时也是使用化肥、农药和薄膜数量较高的省份。首先,就河北省氮、钾、磷肥的使用情况而言,利用率最低为20%。换言之,有近80%的肥料没有发挥其应有之作用,使河北省农业面源污染日益严峻。其次,在农药施用上,由于河北省大部分农村地区仍未实现精细化种植,喷洒农药的方式传统粗放,使农药对土壤、水体和空气都产生了不同程度的污染,扩大了河北省农业面源污染的危害范围。最后,在塑料薄膜使用方面,河北省属显著的季风气候,农村地区使用薄膜的现象较为常见。而薄膜阻碍农药挥发、加剧土壤农药残留、难以生态化降解等,也是导致河北省农业面源污染的重要原因之一。

(二)养殖业污染

在农村养殖业方面,农业畜禽粪便无序排放是导致农业环境污染的重要原因。从河北省农村养殖业发展特点来看,造成养殖业面源污染主要有以下三方面原因:一是过于追求经济效益,轻视生态效益,使污染物

① 孙佑海、王操:《乡村振兴促进法的法理阐释》,载《中州学刊》2021年第7期。

② 张俊桥:《河北省农业面源污染问题及解决对策》,载《河北学刊》2012年第5期。

排放速度远远高于禽畜废污处理速度。二是河北省畜禽多以散养为主，尚未形成集约化、规模化、体系化的养殖模式，因此畜禽粪便多采用干清、水冲等传统的处理方式，无法满足绿色发展要求。三是部分大型畜禽养殖场直接对粪便采用露天堆放的处理方式，这样不仅会对空气造成一定的污染，也会使污染物随地表径流和雨水渗入地下，造成空气、水土污染。

二、河北省农业面源污染治理法律制度及其不足

截至目前，河北省在农业面源污染治理领域尚未出台专门性的单行法，但已有相关法律规定。[①] 从宏观层面来看，虽然当前部分条例对涉及"面源污染"的问题作了明确规定，但实则多为重复性规定、指导性规定、理论性规定，实操性比较低，并且随着河北省农业机械化、规模化发展水平不断提高，早期立法很难满足现实需求，亟待更新。

河北省是农业大省，随着农业面源污染的加剧和农业农村生态环境问题日益突出。2020 年 7 月 1 日，《河北省生态环境保护条例》正式实施，该条例是河北省关于农业面源污染治理的最新立法，其第 50 条明确提出要"防治农业面源污染"，在河北省地方立法中开启了提及"农业面源污染"概念之先河。本文对河北省现行的各种与农业面源污染治理相关的法律规定予以梳理分析，明晰河北省农业面源污染治理现行立法的不足，以问题为导向，有针对性地提出完善建议。

（一）以《河北省生态环境保护条例》为核心的农业环境治理法律体系

《河北省生态环境保护条例》（以下简称新《条例》）已于 2020 年 7 月 1 日正式实施，同时废止 2005 年 5 月 1 日起实施的《河北省环境保护条

① 有关法律条文散见于《河北省生态环境保护条例》《河北省水污染防治条例》《河北省固体废物污染环境防治条例》《河北省农业环境保护条例》等规定中。

例》(以下简称旧《条例》)。这两个条例“虽然只有两字之差,但与其说是修订,不如说是重新制定”。[①] 新《条例》以更新的理念、更大的篇幅、更细的规定在治理农业环境污染方面作出了规定,更为重要的是这也将对运用法治手段治理河北省农业面源污染问题产生积极作用。

1.《河北省生态环境保护条例》简要分析

通过对比新旧《条例》,可以发现新《条例》在诸多方面,特别是农业污染防治方面有了显著变化。最值得注意的是,新《条例》第四章明确提及“农业面源污染”的概念,将农业面源污染与工业污染、海洋污染、土壤污染和大气污染置于同等地位,对运用法治手段改善农业面源污染问题、完善河北省农业面源污染治理的法律体系等具有推动作用。

2.《河北省生态环境保护条例》对农业面源污染治理的规定

良好的生态环境是乡村振兴的坚实保障,在此背景下,新《条例》以河北省是农业大省为出发点,以河北省农业农村生态环境治理中的关键问题为重点,把改善人居环境、增强农业发展可持续性、提升土壤生态保护和防治农业面源污染等作为重点内容,进一步丰富了河北省法治乡村建设内容,走在了全国农业生态环境治理前列。相较于旧《条例》,新《条例》在农村垃圾处理、农业面源污染防治、禽畜养殖等方面填补了立法空白,具有一定的理论意义和实践意义。

首先,新《条例》第三章“保护和改善生态环境”第 29 条提出,要推动形成农业绿色生产方式,集中治理河北省农业生态环境突出问题,科学合理确定河北省农业污水治理模式。其次,新《条例》第四章“防治污染和其他公害”第 50 条以规定政府责任的形式,明确了应当对工业污染、城镇生活污染、船舶污染加以控制和对农业面源污染加以防治,明确了河北省控制农业面源污染的重要任务。再次,新《条例》第 52 条第 1 款规定:“县级

① 周宵鹏:《〈河北省生态环境保护条例〉7 月 1 日起施行》,载全国人大网 2020 年 4 月 21 日,http://www.npc.gov.cn/npc/c30834/202004/55db5a2cb4cd49c3b6169cd2076ad127.shtml。

以上人民政府农业农村等有关部门应当指导农业生产经营者科学种植和养殖,科学合理施用农药、化肥等化学投入品,加强农药包装废弃物回收和废弃农用薄膜回收利用,防止农业面源污染。……”最后,新《条例》第53条规定:“县级以上人民政府及其有关部门应当加强土壤保护和合理利用,有效预防土壤污染。……禁止向农用地排放重金属或者其他有毒有害物质含量超标的污水、污泥,以及可能造成土壤污染的清淤底泥、尾矿、矿渣等。”

总之,相较于旧《条例》而言,新《条例》在治理河北省农业面源污染的问题上取得了阶段性的进步,但从整部法律的体系编排来看,农业面源污染治理的相关规定仍需完善。

3. 河北省其他法律对农业面源污染治理的规定

第一,农业水资源保护类立法。水资源是农业面源污染的直接受损对象,因此应当着重保护水资源。在河北省水资源保护类的法律规定中,有不少条文或直接或间接地在治理农业面源污染方面作出了规定。2020年3月22日起施行的《河北省河湖保护和治理条例》要求控制包括农业面源污染在内的各类污染源对河湖生态环境的破坏,但从具体条文来看,仅在第23条中概括性地规定了要防治禽畜养殖污染、农用化学制品污染和农业污水污染,而没有相配套的实施办法,可操作性较低,难以达到控制面源污染的目的。《河北省湿地保护条例》第32条专门对推广适用农业先进技术,以减少化肥、农药和薄膜对湿地的污染加以规定,具有一定的指导意义。此外,在间接规定方面,2018年9月1日起施行的《河北省水污染防治条例》对防止农业生产造成水污染、净化农田排水及地表径流、防止畜禽养殖造成水污染、污水处理等作出了具体规定,并且在监督管理责任方面规定“实行生态环境损害责任终身追究制”。2018年11月1日起施行的《河北省地下水管理条例》第59条规定:“违反本条例规定,将不符合农用标准和环境保护标准的固体废物、废水施入农田或者排入沟渠的,由县级以上人民政府环境保护主管部门责令停止违法行为,限期采取补救措施,并处五万元以上十万元以下罚款。”上述条文对河北省面源污染治理和水资源保护具有推动作用,对进一步完善农业面源污染立法具有借鉴意义,但其笼统性、单一性、重复性也可见一斑。

第二,其他污染源的相关立法。在农业面源污染的其他污染源方面,河北省也出台过相关的管理条例,以更有针对性地治理污染。其一,《河北省固体废物污染环境防治条例》专设第五章“建筑垃圾、农业固体废物等”,明确将作为农业面源污染源之一的农业固体废物纳入防治体系,并通过第40条、第41条等就秸秆、禽畜粪污等固体废物的资源化综合利用做出明确规定。同时,其第30条、第36条、第39条等针对生活垃圾分类、建筑垃圾处理和农业固体废物回收予以规定,规范垃圾的产生、收集、存贮、运输、利用、处置行为,努力提升防治农业固体废物面源污染的效能与效率。其二,《河北省大气污染防治条例》没有直接提出防止农业面源污染,但其第27条、第54条和第87条将农村燃煤污染治理、农药使用、露天焚烧、剧毒农药喷洒等问题作为“抓手”,对具体的面源排污行为加以规定。有助于避免和减少农业面源污染导致的生态环境损害风险。

(二)河北省农业面源污染防治现行立法的不足

1.没有系统专门的农业面源污染治理的地方立法

河北省作为全国农业大省,在农业面源污染治理问题日益严重的背景下尚未形成一个完整而成熟的农业面源污染治理的法治体系,甚至连一部基本的专门性治理条例都没有出台。① 同时,这些条例并没有对农业面源污染治理设专章、专节加以规定,而是用小篇幅的条款加以规定。通过总结梳理各个条例,不难发现其中的通病:原则性规定比重大、重复性内容篇幅多、处罚性力度不够等。因此,河北省农业面源污染的治理急需

① 相关规定散见于《河北省生态环境保护条例》《河北省河湖保护和治理条例》《河北省湿地保护条例》等文件中。

一部系统的、专门的条例，以更高效、更具针对性地治理农业面源污染。

2. 农业面源污染治理法律制度不够完备、用词不够明确

法律服务于实践才是其价值的体现，然而河北省在治理农业面源污染方面的规定总体呈现质量较低的特点。首先，从横向上看，各条例规定的内容大同小异，主旨均是科学把控化肥、农药等农用化学品的用量，并且准确规划禽畜养殖区，防止废弃物的污染，区别仅局限于言语表述等。[①]前者表述为“推进化肥、农药使用减量化”，后者表述为“科学合理施用农药、化肥等化学投入品”。其次，从纵向上看，前后条款中用词模糊、语义雷同的现象也不在少数。例如，《河北省河湖保护和治理条例》第23条的两款中均有“应当”“科学”等词语，但并未说明如何认定“科学”，导致实施过程中难以把握。

3. 农业面源污染环境法律责任规定不健全

法律法规之所以令人生畏，不是因为规定了权利内容，而是因为设定了责任承担。通过梳理总结可以发现，河北省地方条例关于责任承担的规定有不完善、不健全之处。首先，在担责主体方面，文件中大多将个人、生产经营者作为第一担责对象，而对相关部门执法管理不善的处罚措施仍有立法空白。例如，《河北省水污染防治条例》第69条规定：“违反本条例规定，毁损、擅自移动饮用水水源保护区护栏围网、地理界标和警示标志的，由环境保护主管部门、水行政主管部门按照各自职责责令停止违法行为，恢复原状，可以处三千元以上一万元以下的罚款；情节严重的，处一万元以上三万元以下的罚款。”政府负责人员对此不予查处的，第66条规定“对直接负责的主管人员和其他直接责任人员依法给予处分”，但对如何处分未加以规定。此外，在担责力度和形式方面，河北省条例文件中规定的处罚标准较低、处罚形式较为传统。举例而言，《河北省地下水管理条例》第54条规定：“违反本条例规定，侵占、损坏或者擅自移动地下水监

① 如《河北省水污染防治条例》第30条、第31条与《河北省生态环境保护条例》第52条。

测设备、取用水计量设施及其标志的,由县级以上人民政府水行政主管部门责令限期改正、恢复原状或者采取其他补救措施;情节严重的,处五千元以上二万元以下罚款;造成损坏的,依法承担赔偿责任。"这不仅使违法成本远低于守法成本,更难以形成威慑力,不利于实现保护地下水资源的根本目的。另外,各条例规定的处罚形式传统且单一,行政色彩浓厚,容易使违法者产生抵触心理,难以领悟到"处罚并非根本目的"的初衷。

三、国外农业面源污染治理的经验

(一)国外农业面源污染治理立法

1. 日本农业面源污染治理立法——周密完备

虽然日本在农业面源污染治理方面起步较晚,但治理进程快,治理成效也很显著,其中最显著的一个特点就是十分重视立法的配套性与可行性。[①] 从地理环境来看,日本是一个岛国,位于欧亚板块和太平洋板块的交界上,国内产品贫瘠,易发生地质灾害,生态环境相对脆弱。因此,日本十分重视通过立法来推进环境保护和绿色健康发展。其一,在农业面源污染的法律规制方面,日本政府在 20 世纪 90 年代初颁布了《农业、农村和食品新政策》,明确了"绿色农业"的发展理念。20 世纪 90 年代末,出台了《农业、农村粮食基本法》和《关于促进可持续性农业生产方式采用的法律》,紧接着又在 2000 年和 2001 年分别出台了《食物废物回收法》(《食品废弃物循环利用法》)和《堆肥质量法》。[②] 从一般规律到个别规律,从农业生产到农业废弃,这四部法律是一个完整的系统,相互关联。这不仅意味着日本在立法层面上已经形成了完整的面源污染控制体系,也为实践奠定了基础。其二,在日本禽畜养殖方面,1999 年颁布实施的《家禽排

① 邓小云:《源头控制:农业面源污染防治的立法原则与制度中心》,载《河南师范大学学报(哲学社会科学版)》2011 年第 5 期。

② 冷罗生:《防治面源污染的法律措施——日本的经验与中国的对策》,载《环境保护》2009 年第 6 期。

泄物法》对禽畜粪便排放和粪便保管等环节作了规定，随后出台了《防治水污染法》、《恶臭防止法》和《关于废弃物的清扫及处理规定》等多部立法，以辅助《家禽排泄物法》相关规定的落地实施，以更有针对性地治理农业面源污染，体系性较强。①

2. 美国农业面源污染治理立法——多管齐下

与日本不同的是，美国在农业面源污染治理方面起步很早，并且在治理过程中注重法律制度、技术政策、基金税费等措施多管齐下、多措并举，取得了良好的治理成效。② 首先，在法律制度方面，美国于1936年颁布了《面源污染控制法》，这是美国首次在该领域制定专门法。1972年，美国又颁布了著名的《清洁水法》，正是这部法律及其修正案的出台使面源污染真正进入人们的视野，其中提出的“最大日负荷量计划”和“农村节水计划”等措施成为控制农业面源污染的有力武器。1974年，为保障公众的饮水健康，美国颁布了《安全饮水法》，1985年，为减少农业活动带来的污染，颁布了《食品安全法案》，此后还颁布了《水质法》《总统水质动议法》《海岸区法案》等。③ 此外，在农业面源污染控制方面，美国宾夕法尼亚州也制定了州法规，结合本州的实际情况精准施策。其次，在技术政策方面，由《清洁水法》规定的“最佳管理措施”(Best Management Practices, BMPs)④最为典型。简单地说，“最佳管理措施”是指为预防和减少对水源的污染而采取的工程措施与管理措施，其中工程措施仅针对生态治理，包括但不限于修建人工河湖湿地、蓄水池、植被和保护区等；管理措施则适用于对民众的管理，主要包括职业素养培训、生产生活指导等。从实际

---

① 刘冬梅、管宏杰：《美、日农业面源污染防治立法及对中国的启示与借鉴》，载《世界农业》2008年第4期。

② 胡楚：《美国农业面源污染防治补助制度研究》，中南财经政法大学2019年硕士学位论文，第1~2页。

③ 余耀军、胡楚：《美国农业面源污染防治补助制度及启示》，载《国外社会科学》2020年第2期。

④ 蒋鸿昆、高海鹰、张奇：《农业面源污染最佳管理措施(BMPs)在我国的应用》，载《农业环境与发展》2006年第4期。

效果看,该措施在美国农业面源污染治理中发挥了举足轻重的作用。最后,在基金税费方面,国家净水滚动基金(The Clean Water State Revolving Fund,CWSRF)是《清洁水法》规定的最具代表性的内容。① CWSRF 是指美国国家为促进国内净水事业的发展而设立的滚动型资金。具体而言,美国通过给各地方分发固定数额的种子基金(Seed Money),使借贷资金资本化,为从事净水事业的群体提供贷款帮助,当本息归还后,再次投入国内净水事业中。如此循环往复,不仅能够使基金数额日益增长,更有助于推动国内净水事业的发展,加快农业面源污染治理进程,可谓一举多得。②

3. 欧盟农业面源污染治理立法——统一协调

与日本、美国在农业面源污染控制方面所采取的措施相比,欧盟最突出的特点是巧妙地发挥了"联盟共同体"的作用。自 1989 年第一部控制农业面源污染的法律出台后,欧盟实施了一系列重要措施以防治农业面源污染:推行欧盟共同农业政策、加大财政补贴力度、引导公民参与治理等。③ 第一,推行"欧盟共同农业政策"④。二十世纪五六十年代,欧盟国家为了提高农业生产力、保障农产品供给以及稳定农民生活收入,大力鼓励农业集约化和绿色化发展,与之应运而生的是欧盟共同农业政策,各国政府在农业面源污染治理方面投入大量经费。农场主在生产过程中严格把控排污标准和生态保护,通过审核后由政府向其颁发农业农村和环境管理者证书,令其有资格享受欧盟和其本国发放的资金补助,该政策受到包括英国、丹麦和法国等国家的推崇。第二,加大财政补贴力度。欧盟各

① 邱卫国等:《美国农业面源污染控制最佳管理措施探讨》,载中国海洋工程学会编:《第十二届中国海岸工程学术讨论会论文集》,海洋出版社 2005 年版,第 838 ~ 842 页。

② 赵学娇等:《美国农业化肥非点源污染治理对中国的启示》,载《世界农业》2018 年第 3 期。

③ 金书秦、魏珣、王军霞:《发达国家控制农业面源污染经验借鉴》,载《环境保护》2009 年第 20 期。

④ 芦千文、姜长云:《欧盟农业农村政策的演变及其对中国实施乡村振兴战略的启示》,载《中国农村经济》2018 年第 10 期。

国比较注重运用经济激励手段控制面源污染,主要举措包括收取农业排污税费、增收化肥生产流通税、补贴生态生产等。以荷兰为例,荷兰在1998年实行矿产会计制度(Mineral Accounting System,MINAS)以降低化肥的使用量。根据规定,系统会设定相应的标准,如果农场主使用化肥后土壤中的养分高于标准值,则需缴纳高额污染税;相反,如果土壤中的养分等于或小于标准值,则无须缴纳。据有关部门统计,实施MINAS以来,荷兰地下水的质量有明显改善。[①] 第三,在公众参与制度方面,欧盟国家非常重视保护公民在环境治理中的参与权和知情权,[②]如丹麦签署的《在环境问题上获得信息、公众参与决策和诉诸法律的公约》(《奥胡斯公约》)规定应保障公众在环境问题上获得信息、参与决策和诉诸法律的权利。这样一来,不仅保障了公民的环境知情权,还可以充分发挥公民的作用,集思广益,助力政府科学高效决策,激励个人自觉开展污染清理活动。

(二)国外农业面源污染治理立法对河北省的启示

1.制度的配套性和实操性强

在立法活动中,以上国家特别注重法律的兼容性和体系的协调性。如前所述,日本制定诸多法律政策来控制农业面源污染[③],使农业生产、农产品加工与销售和农业废弃的整个过程都受到法律的监管。同时在法律中详细规定生产技术与生产标准,为法律落地实施精准施策,使整个法律体系呈现"总分结合、详略得当"的特点。此外,美国在《清洁水法》等相关防治水污染的法律中规定了许多行之有效的制度措施,如"最佳管理措施"、农业水土保持计划、农业农村节水计划等,只有制定切实可行的制度,才能保障法律更好地实施。此外,欧盟各成员国在污染物排放、硝酸盐脆弱区和农药残留等方面统一适用《饮用水指令》和《硝酸盐指令》,这

① 张斌、金书秦:《荷兰农业绿色转型经验与政策启示》,载《中国农业资源与区划》2020年第5期。

② 曹明德、黄琰童:《国外环保法立法经验借鉴》,载《环境保护》2013年第17期。

③ 如日本《基本法》《可持续农业法》《食品废弃物循环利用法》《堆肥质量法》。

样有利于促进地区农业集约化发展和便于欧盟组织统一管理,更好地运用理论指导实践。总之,河北省在制度匹配和实施上可以借鉴国外的成功经验,结合河北省农业发展实际,尽快建立和完善农业面源污染防治法律体系。

2. 保障公民知情权,调动公众积极性

农业生产者是面源污染的第一制造者和第一受害者,正是因为他们具备这种双重身份,法律才应成为打击污染的有力武器和保障权益的坚强盾牌。例如,丹麦在签署《奥胡斯公约》后明确表态,民众有知晓环境信息和参与制定环境政策的权利,以切实保障公民的知情权;另外,德国十分注重对公民环保意识的培养,自幼儿园起便开始普及环保知识,并且有一套成熟完整的国民教育体系;在日本,处理废旧自行车需要将由不同材质的零件分门别类地进行回收处理,让环保理念渗透到生活的方方面面;在美国,注重调动民众的积极性,设立大量民间环保组织,以便开展非政府性科研工作和民众讨论,为更好地表达群众呼声、促进政府科学决策提供了有力帮助。由此可见,保障公民知情权,调动公众积极性是意义重大的工作。然而,据不完全统计,河北省城乡居民对农业面源污染的概念知之甚少,更难以为治理而建言献策。因此,在日后的立法工作中,要重视基层民众在治理中的作用,激励倡导民众参与治理,为河北省开展农业面源污染治理工作扫除障碍。

3. 细化责任追究和处罚措施

在具备完善的配套机制和可行的详细规定后,是否拥有严格而细致的追责处罚规定则成为法律顺利实施的决定性因素。在这方面,美日等国家的制度规定值得我们学习和借鉴。例如,日本在环境污染方面规定了十分严密的行政责任和刑事责任,将不同程度的污染与不同层级的处罚规定相对应,并且责任处罚力度随着污染程度呈指数型上升,对污染者形成心理威慑,使其不能污、不敢污、不想污。再如,美国特别重视规范使用对人身健康产生危害的农用化学产品,《联邦农药、杀真菌剂和杀鼠剂法案》要求农药经营者应当根据产品的性能和安全度限制其用途，并特别规定对人身健康有危害的农药不允许被授权登记，如此倒逼机制不仅能在源头减少污染的产生，更有利于农业的绿色可持续发展。

四、《河北省农业面源污染防治条例》制定构想

从河北省的立法趋势看，防治农业面源污染立法主要是以修改现行条例的方式推进。看似可以以现有立法为基础，稍作补充即可完善农业面源污染治理问题。但可以预见的是，流程上的"缩水"很可能会导致效果上的"放水"。一方面，河北省现行立法大多对工业面源污染做了系统完备的规定，但针对更为隐蔽分散的农业面源污染不宜照搬照用；另一方面，河北省内城乡居民对农业面源污染的认识尚不全面，若不特别立法很难让居民感受到治理面源污染的急迫性与必要性，执行效果也会大打折扣。因此，对于河北省而言，有必要建立系统而全面的法律制度来防治农业面源污染，出台专门性、起统领作用的单行条例则是最佳的选择。

（一）《河北省农业面源污染防治条例》的基本理念

要防治农业面源污染，必须摒弃传统的立法观念，用新的思路解决农业面源污染的防治问题。首先，要坚持绿色发展理念。[①] 绿色发展理念要求我们转变传统的经济发展方式，实现健康无污染的发展。具体到农业面源污染，就是要注重在农用化学制品使用、农产品加工与销售和禽畜养殖废物处理等多方面实现生态化、清洁化。[②] 其次，要坚持循环经济理念。[③] 简单地讲，循环就是要让有限的物质发挥无限的作用，经过多级利用、反复使用，使污染排放量降低、农产品安全度提升，最终实现生态保护

① 杨滨键、尚杰、于法稳：《农业面源污染防治的难点、问题及对策》，载《中国生态农业学报（中英文）》2019 年第 2 期。

② 竺效、丁霖：《绿色发展理念与环境立法创新》，载《法制与社会发展》2016 年第 2 期。

③ 王新茹：《山东省农业面源污染防治法律制度研究》，河北地质大学 2019 硕士学位论文，第 38 ~39 页。

和物质利用的"双赢"。具体到农业面源污染方面,应当对农用化学制品的浓度加以规定,防止农药使用剂量大于需求量,导致多余化学品残留在水体和土壤中。最后,要注重禽畜养殖废弃物的循环利用,充分发挥禽畜粪便的余热,让农业生产真正实现有机化。

(二)《河北省农业面源污染防治条例》的基本原则

1. 风险预防原则

面源污染的隐蔽性和复杂性导致其治理难度极大,因此有必提早进行风险预防,将污染扼杀在摇篮之中。其一,在污染形成过程中,污染物和掺杂在水源、土质层中的其他介质相反应,会产生其他污染物,增加了后期治理的困难。其二,随着地表径流、地下径流的不断流动,污染面积不断扩大,如若将事后治理作为重点,必将导致费力且低效的后果,因此,要树立风险预防原则,从源头打击面源污染。其他,从发达国家的经验来看,其普遍对施肥标准、禽畜粪便处理和农业生产废弃物等污染源制定了详细可行的规定,只有在源头加以有效控制,才能高效地防治农业面源污染。

2. 经济激励原则

长期以来,如何正确处理经济与环保的关系引发人们广泛讨论,在农业面源污染治理过程中,要巧妙运用经济手段促进农业环保事业的发展。农户之所以运用高剂量化肥农药和低成本的污染处理装备,是因为他们的环保意识不够高,但更主要的是因为其希望降低生产成本,提高收益回报,这就为充分运用经济激励原则留下发展空间。参考国外的经验可以发现,其法律规定中十分重视利用财税补贴促进环境保护。在农户生产补贴、绿色农产品销售减税、高污染农用制品罚款等环节进行税费调控,在保障农户经济利益的同时有效促进绿色有机农业的发展。当下,河北省也应充分运用市场机制带动农业面源污染治理迈入新阶段。

3. 协同参与原则

河北省地理位置特殊,临近京津重地,从河北省现有立法来看,包括新《条例》在内的很多单行法规都特别强调与北京市和天津市的“协同治理”。因此,我们要在空气质量提升、生活用水改善和农产品绿色安全等方面做到位。在制定《河北省农业面源污染防治条例》时也应当特别突出协同参与的理念,充分发挥三地区各自优势,鼓励重点污染区联动防控,积极倡导公民、社会组织团结一致,共同开展农业面源污染防治工作。在这方面,英国的“私人检察官制度”、美国的《资源保护与恢复法案》等制度和立法为公众参与环境立法提供了法治保障的激励和支撑,这些经验同样具有借鉴意义。

(三)《河北省农业面源污染防治条例》的基本制度

基本制度是基本理念和基本原则落地实施的重要保障。面对农业面源污染治理难题,有必要将防治措施以法律制度的形式确定下来,提高立法质量,促进实践工作顺利开展。

1. 农业清洁生产与生态标识制度

“清洁生产”,就是在农业生产的全过程、全方位推进“零污染、低污染”式生产。[①] 在清洁生产过程中,有以下三点需要特别注意:第一,循环利用。结合河北省农业发展实际可以发现,在禽畜养殖废弃物循环利用方面还存在一定的提升空间。河北省目前大力推广利用沼气提纯、干发酵等先进技术对禽畜污染物进行循环处置,技术的普及程度和农户的循环利用意识有了明显提升,下一步要打开新思路、探索新路径,运用新技术充分发挥循环利用在防治农业面源污染方面的优势。第二,严控用量。不可否认的是,农户在生产中过度追求经济收益,导致了超额施肥、高频喷药、过分包装等一系列短视行为,使农用土地化肥残留严重、农药沉降污染水土、废弃包装薄膜难以降解等问题长期无法根除。所以,有必要以立法的形式确定农用化学制品的使用标准,定期开展生产教育指导,不定

① 余耀军、胡楚:《美国农业面源污染防治补助制度及启示》,载《国外社会科学》2020 年第 2 期。

期地进行数据监测,以有效推动农业精准施肥。第三,技术推广。实现农业清洁化生产离不开清洁技术的推广实施。一方面,要与科研院校和相关企业进行有效衔接,将实验室里的先进技术进行成果转化,鼓励引进技术企业"以技入股",定期聘请技术人才走入乡村;另一方面,要充分运用各种渠道宣传清洁技术,运用媒体宣传、文化墙标语和讲座宣传等方式,将清洁生产理念渗入农户心中,提高农民绿色清洁生产意识。

"农业生态标识"类似于现行的家电能耗标识制度。河北省地方各级政府为通过清洁生产方式产出的农产品添加专门标识,让消费者在消费时能够将生态农产品与一般农产品相区分,积极引导消费者购买安全健康、环保绿色的农产品,间接激发了农户清洁生产的积极性。

2. 农业绿色税费与环保补贴制度

从农业生产实践来看,片面地采取强制性生产污染税制度会适得其反,加大农户生产负担的同时也不利于农业可持续发展。因此,在预防农业面源污染的过程中,应充分发挥经济补贴的引导作用。[①] 具体来说,可以从以下两个方面入手:第一,建立健全河北省农业面源污染治理滚动基金。在基金设立初期,由各地方政府筹集专项资金,为致力环保型农业建设的企业、社会组织和农村集体组织提供低息贷款,以解燃眉之急;之后将归还的本息一并投入滚动资金中,继续扶持需要帮助的群体,如此循环往复。第二,完善河北省绿色农业财税补贴与污染收费措施。一方面,要扩大财税补贴的范围并加大其力度,对使用有机化肥、生物技术和测土配方施肥技术的农户予以分层次的补助,将补贴力度与使用时间相挂钩,确保使用先进技术生产时间越长的农户,可以得到更多的补助,保障绿色生产方式的稳定性与持续性。另一方面,要加大对非环保生产方式的处罚力度,形成"政策引导、村委劝导、处罚教导"的步骤性督促机制,对于顽固不化、坚持使用高污染生产技术的群体,可以适当地收取排污处理费、环

① 蔡守秋:《法治视野下健全农村环境治理的路径思考》,载《环境保护》2015 年第 17 期。

境修复物业费等额外费用,加大污染生产成本。总之,要大胆创新,在不违背原则的前提下,充分借鉴发达国家的经济政策,巧妙地运用经济举措化解河北省农业面源污染治理难题。

3. 农业协同治理与公众参与制度

考虑到河北省特殊的地理位置和京津充足的治理条件,河北省在治理农业面源污染过程中,应当积极运用地区协同治理和公众参与制度的优势,共同抵制农业面源污染。初步设想,可以从以下几个方面进行尝试:第一,建立健全区域信息共享平台。建立京津冀统一的面源污染数据库,详细观测地区面源污染数据,及时更新,定期会商,必要时可以联动执法,共同处置面源污染违法案件。第二,深化污染防治科研合作。北京、天津科研高校林立,技术人才济济,有着雄厚的科技基础。因此,要在农业面源污染过程中充分发挥京津优势,定期举办有关农业面源污染成因、溯源和防治政策、标准措施等关键性问题的联合研讨,特别针对白洋淀等重点流域的农业面源污染防治问题进行研究,组织开展试点县防治技术应用等工作。协同运用三地区在资金、技术、物质等方面的优势。第三,鼓励公众参与联合防治。协同治理不仅要在地区上实现协同,也要在主体上协同参与。治理河北省农业面源污染问题绝非仅依靠政府单方力量即可见效,因此,要发挥京津冀环保企业、公益性环保组织和农户群体在治理面源污染中的作用。例如,可以借鉴发达国家环境信息公开制度、公民参与环境政策制定制度、私人检察官制度等,保障公民环境知情权、参与权、决策权。只有让公众了解有关治理面源污染的信息,才能认识治理的紧迫性和必要性,最终实现治理河北省面源污染的目标。

4. 农业面源污染法律责任制度

河北省现行立法在与农业面源污染治理相关的责任追究与法律处罚方面尚有许多不完善的地方,因此,在制定《河北省农业面源污染防治条例》时,应当进一步健全责任追究与处罚标准方面的规定,真正实现“违法必究”。需要在责任主体、职责内容、处罚标准等方面详细规定:第一,责任主体。从已有农业面源污染治理的法律条款来看,责任主体往往是进行农业生产的企业和农户,而政府则展现出“权利人”“管理人”的姿态,应健全政府和公民双方的主体责任。第二,职责内容。在职责内容方面要特别制定强制性规定,确保职责内容明确,以便追责治理。第三,处罚标准。随着我国“史上最严环保法”的颁布实施,各地方应当领会环保立法精神,严惩污染主体,形成污染防治的处罚屏障,《河北省农业面源污染防治条例》也不例外。一方面,要针对不同程度的污染设定不同层级的处罚,污染越重处罚越严;另一方面,要创新处罚形式,在继承传统缴纳罚款、限期整改、生态修复等方式的前提下,鼓励设置生态信誉制度、排污权交易限制制度、思想教育反省制度等。总之,处罚的目的不单纯是处罚,更重要的是使责任主体对行为负责,以更好地实现河北省农业面源污染治理的初衷。

结　语

在推进落实《乡村振兴促进法》的过程中,河北省应着重解决农业面源污染问题。有必要在完善相关领域单行法的同时,加快制定有河北省特色的农业面源污染防治单行条例。当务之急是尽快积极推进和落实行动,充分贯彻实施“十四五”期间强化农业面源污染的治理精神,通过立法手段明确“控制增量,去除存量”的治理节奏,实现“久久为功”的治理思路。由于实证案例和参考文献有限,本文所提出的现实问题有待深度剖析,未来,笔者将持续关注这一问题,将选取河北省农业面源污染治理的典型地区进行实证分析,提出更具有针对性与可行性的政策法律建议。

第四部分　农村金融与财税

我国农村合作金融组织立法的价值与路径选择*

许　英**

摘　要：目前，我国各类农村合作金融组织的发展状态不尽相同，也各自面临着自身发展中存在的问题，要么因被“正规化”“商业化”而失去了合作性和成员基础，要么因“非法化”而失去政府支持。我国现行法律体系中关于农村合作金融组织法律地位以及金融风险防范等的立法缺位，导致法律制度对农村合作金融的规范和保障不足，合作金融的制度优势难以发挥。德国对合作金融立法的重视是其农村合作金融不断发展并获得成功的根本保障，其综合立法与专门立法相结合的合作金融组织法律规范体系有力地促进了农村合作金融的不断发展。为改善我国农村合作金融法制落后的现状，可以借鉴德国立法经验，制定综合的农民合作社

---

* 广东省哲学社会科学“十三五”规划项目“‘三权分置’视域下农地入股的实践创新与法律应对”（GD20CFX07）成果。

** 许英，肇庆学院政法学院教授，北京大学法学院访问学者，法学博士，博士后。

法和专门的合作金融法,为农村合作金融组织的规范发展提供有别于商业银行法律的合作金融组织体系化法律依据。

关键词:农村合作金融组织;立法价值;立法路径

“三农”问题是我国经济转型中面临的重要问题,也是实现农业现代化的关键问题。而解决“三农”问题的关键则在于解决农业农村农民发展中的资金问题,即为“三农”发展提供多层次的、充足并完备的金融服务支持。尽管我国连续多年的中央一号文件均是与“三农”问题相关的,然而,在当前农村经济发展中,现有的农村金融体系并不能满足“三农”发展的需求。尽管我国农村金融改革一直强调初步建成商业性、政策性、合作性等“三位一体”的功能互补、相互协作、适度竞争的农村金融组织体系,然而,上一轮农村金融改革的结果是形成了以商业性金融为主体的农村金融机构体系,政策性金融不足,合作性金融消失。[①] 2014 年中央一号文件提出要发展新型农村合作金融组织。2015 年中央一号文件又明确提出要积极探索新型农村合作金融发展的有效途径,稳妥开展农民合作社内部资金互助试点,落实地方政府监管责任。尤其是 2021 年中央一号文件再次强调要“稳妥规范开展农民合作社内部信用合作试点”以及“深化供销合作社综合改革,开展生产、供销、信用‘三位一体’综合合作试点”,这样的政策要求无疑为进一步推进新型农村金融组织发展指明了方向。因此,综合我国农村合作金融组织发展中的不规范问题和法制落后现状,探讨我国农村合作金融组织立法的价值与路径是一个重要且紧迫的课题。

① 全国人大农业与农村委员会法案室、调研室编著:《农村金融法律制度研究》,中国法制出版社 2018 年版,第 269 页。

一、我国农村合作金融组织发展现状及立法不足

(一)农村合作金融组织发展中的不规范问题

以是否受国家相关监管机构监管为标准,我国农村合作金融组织可分为正规合作金融组织和非正规合作金融组织。如果以主要的正规合作金融组织(农村信用合作社)的改革发展以及开展新型农村合作金融为依据,目前我国农村合作金融组织主要有三大类,即经商业化改制的农村信用合作社、经原银监会批准成立的农村资金互助社、农民专业合作社内部开展的资金互助。此外,也存在过因出现非法集资等乱象而被取缔的农村合作基金会、由国家财政投入在贫困村设立的由村民以借用方式周转使用的贫困村村级发展互助资金。各类合作金融组织的发展状态不尽相同,也各自面临着自身发展中存在的问题。

农村信用合作社是我国正规合作金融组织的重要形式,其发展主要经历了试办探索、调整优化和深化改革这三个阶段。① 该组织最初的定位是农村集体金融组织,实行农民群众自愿联合和民主管理,即由农民行使所有权和管理权。然而,农村信用合作社经过改革后彻底商业化,转为农村商业银行。尽管到目前为止,农村商业银行是农村最主要的正规金融供给主体,但其经由商业化改革而丧失了合作金融的内部信息和监督优势,从而有效支农不足。②

在农村大户经济以及规模化的农业生产经营模式发展下,农户的资金需求越来越强烈,一些地区的农民自愿出资入股成立资金互助合作社。2004 年中央一号文件对兴办直接为"三农"服务的多种所有制的金融组织提出了鼓励政策,因此,回应农民融资需求的自发的农民资金互助社开始在各地发展起来。根据原中国银行业监督管理委员会 2007 年 1 月

① 周永锋等:《国外农村合作金融发展对我国的启示》,载《西部金融》2021 年第 9 期。

② 温啸宇、刘学侠:《我国农村合作金融的国际借鉴》,载《理论视野》2020 年第 2 期。

22 日印发的《农村资金互助社管理暂行规定》,成立农村资金互助社须经银行业监督管理机构批准。之后,原中国银行业监督管理委员会对各地发展起来的部分农村资金互助社进行了“转正”,至 2012 年农村资金互助社金融牌照停止发放时,全国仅有 49 家农村资金互助社“转正”,市场上仍存在未“转正”的各类农村资金互助社。[①] 此外,也还存在由民政局进行资金支持,在自然村或行政村范围内建立的为会员提供贷款的银行机构,村民以自有资金自愿入股参会,性质上为集体所有制,待成熟后行政力量退出,如 2010 年 9 月正式挂牌开业的经安徽省银监局批准的太湖县小池镇农村资金互助社。[②] 由此可见,尽管农村资金互助社获得了政策支持,在政府推动下获得一定发展,但由于监管成本过高,互助资金出现“精英俘获”“大农吃小农”“服务外部力量”等现象。也就是说,其服务对象并非高度分散且数量巨大的小农,即发生“去合作化”问题,其主要原因还在于对资金合作社的监管政策模糊、监管法规缺失和监管力量薄弱。[③] 为此,从 2015 年起,监管部门鼓励已“转正”的农村资金互助社逐步转入村镇银行,把合作金融并入商业金融。这必将使原社员的利益诉求被边缘化,这种从“转正”到“转向”的政策引导不仅阻断了农村合作金融发展之路,而且也是对原农村资金互助社社员融资权益的漠视,因此,这种转向是不合理的。[④]

在我国农村合作金融组织发展过程中,为了弥补农村信用社改制为商业金融机构后农村金融服务供给不足的问题,政府在逐步推动村镇银行和小额贷款公司发展的同时,也开始推动农民合作社信用合作的发展。

---

① 游碧蓉等:《农村合作金融组织的形式选择与发展建议》,载《福建农林大学学报(哲学社会科学版)》2021 年第 2 期。

② 周永锋等:《国外农村合作金融发展对我国的启示》,载《西部金融》2021 年第 9 期。

③ 黄佳琦、桂胜、刘海波:《国内外农民合作社合作金融研究与运行实践识议》,载《社会科学动态》2021 年第 12 期。

④ 游碧蓉等:《农村合作金融组织的形式选择与发展建议》,载《福建农林大学学报(哲学社会科学版)》2021 年第 2 期。

我国首次以中央文件形式允许合作社开展信用合作业务是在2008年党的十七届三中全会通过的《中共中央关于推进农村改革发展若干重大问题的决定》中提出。此后,2009年中央一号文件提出“抓紧出台……农民专业合作社开展信用合作试点的具体办法”,2010年中央一号文件进一步提出“支持有条件的合作社兴办农村资金互助社”,2012年中央一号文件则再次提出“有序发展农村资金互助组织,引导农民专业合作社规范开展信用合作”,2013年11月党的十八届三中全会通过的《中共中央关于全面深化改革若干重大问题的决定》再次提出“允许合作社开展信用合作”,2014年中央一号文件则强调“在管理民主、运行规范、带动力强的农民合作社和供销合作社基础上,培育发展农村合作金融”和“发展新型农村合作金融组织”。至此,在中央政策文件中正式确立了“新型农村合作金融组织”的概念,强调自愿参加、封闭运行、民主管理、服务三农、互助共济,以服务社员的资金需求为目的,还强调了地方政府对新型农村合作金融的监管职责。此后在2015年中央一号文件以及2016年3月发布的《国民经济和社会发展第十三个五年规划纲要》中均有强调“稳妥开展农民合作社内部资金互助试点”。

(二)我国农村合作金融组织立法现状

如前所述,我国农村合作金融组织在发展中,要么因被“正规化”“商业化”而失去了合作性和成员基础,要么因“非法化”而失去政府支持。其不规范发展问题首先源于农村合作金融组织的规范属性不明晰。我国现行《农民专业合作社法》在调整范围上并不包括农村合作金融组织,致使实践中大量存在的农民资金互助组织处于尴尬的不被法律承认的境地。尽管很多农村合作金融组织在制定章程时就是参照《农民专业合作社法》规定的,但是,实际上很多农村合作金融组织所确立的章程并未达到法律的基本要求。

关于农村合作金融组织,目前我国尚无专门立法。尽管于2007年实施并于2017年修订的《农民专业合作社法》对我国农业合作社发展发挥了重要作用,它解决了长期制约我国农业合作社发展的若干重大问题,明确了农业合作社法律地位、组织属性、内部治理和利益分配、主管单位、基本原则和发展方向等问题。也就是说,《农民专业合作社法》为农业合作社发展提供了良好的法制环境,但也存在诸如盈余返还、条款内容不够具体等规制功能不足的问题,需要细化当前规定过于宏观的条款内容,进一步完善其法律的规制功能。尤其是针对农村合作金融组织,现有立法的调整范围并不包括农村合作金融组织,实践中已经办起来的依托农民专业合作社的资金互助组织处于法律调整的真空状态。

另外,尽管原中国银行业监督管理委员会 2007 年 1 月 22 日印发的《农村资金互助社管理暂行规定》是对农村资金互助社进行管理的专门规范依据,但该规范也存在立法层次低,约束力较差的问题。而且,该规范管理的对象门槛较高,只涉及由银行业监督管理机构批准设立的农村资金互助社,无法涵盖实践中依托农民合作社或扶贫办发展起来的资金互助或信用合作。依据该规定批设的农村资金互助社实际上就是城市金融的复制,没有体现农村地区的社区性和合作互助意愿,因此其生命力不强,影响有限。[①] 可以说,我国现有法律制度对农村合作金融的规范和保障处于严重缺位的状态,立法对金融资源的引导和配置功能明显不足。

二、德国农村合作金融发展特点及其立法启示

世界范围内的合作金融运动兴起于德国,而且,德国的农村合作金融也很发达,农户通过各种形式的信用合作社可以得到低于普通银行利率的优惠贷款,也形成了自身独特的农村合作金融组织体系。与此同时,重视立法规范和制度保障,是德国农村合作金融获得极大发展和成功的一个重要原因。

---

① 全国人大农业与农村委员会法案室、调研室编著:《农村金融法律制度研究》,中国法制出版社 2018 年版,第 276 页。

(一)德国农村合作金融发展及其组织体系特点

德国现代合作金融业是在19世纪中叶雷菲森在农村领域创办的信用合作社(雷菲森银行)和舒尔茨·德利奇在城市兴办的工商业合作社(大众银行)基础上发展起来的,经过一百多年的发展和20世纪70年代初以来的不断联合与合并,后来逐渐形成一个以德意志合作银行为龙头、雷菲森银行和大众银行为主要基石、以区域性中心合作银行为躯干的完善的现代合作金融体系,构造成二级经营和三级经营相结合的混合型合作金融体制。[①] 在纵向组织系统中,德国信贷合作社有从中央到地方再到基层三个层次,其中,属于国家级的信贷合作社组织机构的是德国大众银行及雷菲森银行联合会。而在德国最具影响的合作社组织是德国合作社及雷菲森联盟总会,该组织成立于1972年,由当时德国工商业合作社的最高机构、德国合作社联合会、农村合作社的最高机构、德国雷菲森联盟合并而成,作为信贷合作社代表的德国大众银行及雷菲森银行联合会便是该组织成员。[②] 总体而言,德国农村信用合作组织形成了一个单元金字塔式的合作银行体系。[③] 目前,德国的合作金融组织体系已由原来的三级构成转变为两级模式,即中央和地方两级,其中,中央级即联邦中央合作银行(DZ BANK),于2014年由德国中央合作银行(DG Bank AG)和西德中央合作银行(GZ Bank AG)合并而成。因此,目前德国合作银行由中央合作银行和地方合作银行组成,在运营模式上仍然是以为成员提供金融服务为目标,不以营利为目的。合作银行在不断发展中成为全能银行,除了从事银行主业外,还可以经营证券和保险业务。

第一,逐级入股构成完整的德国合作银行体系。在德国的合作银行体系中,各级合作银行均具有独立的法人资格,彼此之间不存在隶属关系,但形成了逐级入股的关系。即基层合作银行入股地区合作银行,地区

---

① 何广文:《德国的合作金融业:体系及其发展现状》,载《世界农业》1995年第3期。

② 国鲁来:《德国合作社制度的主要特点》,载《中国农村经济》1995年第6期。

③ 李洁:《农村合作金融组织法律问题研究》,法律出版社2013年版,第58页。

合作银行再入股中央合作银行,这种从基层到最高层逐级入股的形式构成了完整的德国合作银行体系。由此可见,德国各级合作银行在保持相互独立的同时,又形成了联合发展的格局。各级合作银行通过自下而上的持股和自上而下的服务在经济上实现了联合,形成了强大的合作银行体系,从而有利于合作银行体系整体优势的发挥。从其发展情况来看,德国合作银行体系很好地满足了农村经济发展的金融需求。可以说,德国是以基层信用合作社和合作银行为起点,以区域合作银行和中央合作银行为依托,逐步扩展金融服务网络,从而为农村合作金融组织构筑了庞大的网络体系。①

第二,自上而下融通资金和提供服务,充分发挥信用合作系统功能。尽管各级合作银行均具有独立的法人资格,但需从下至上上存资金,从而实现自上而下融通资金。基层信用合作社在吸收社员存款后,要将社员存款的70%上存到地区合作银行,然后地区合作银行再将其中的4%上存至中央合作银行。② 在资金融通方面,当基层信用合作社资金缺乏时,地区合作银行可以及时足额地为其提供融资服务,地区合作银行也可以从中央合作银行获得再融资服务。另外,各级合作银行之间通过建立信用合作体系的结算系统,实现上一层合作金融机构为下一层机构提供结算服务。而且,各层级合作金融机构都要接受德国信用合作体系中的内部审计。

第三,坚持合作制的组织结构,具有商业银行无法比拟的合作金融优势。德国合作银行体系不仅向成员,也向一般客户提供银行服务,尽管德国经济体制和银行体制在发展中发生了巨大变化,但德国合作金融对促进农业合作社和农业经济的发展都发挥了巨大作用,这主要缘于合作银行一直坚持合作制的组织结构,具有合作社的特点,坚持为社员服务的宗

① 张珩等:《农村信用社管理模式的国际经验、选择条件与地方实践》,载《农村金融研究》2019年第11期。

② 张乐柱:《农村合作金融制度研究》,中国农业出版社2005年版,第88页。

旨。此外，德国合作银行体系构成了巨大的银行网络，尤其是遍布基层的各类合作银行网点，如基层合作银行以及从事兼营商品供销的信用合作社，相比商业银行而言，更接近农村和农民。在为农民服务方面，合作金融具有商业银行无法比拟的优势，能更好地为农民提供信贷服务。

（二）德国农村合作金融立法的经验启示

由于农村合作金融具有正外部性，再加上法律对弥补市场自发缺陷的重要意义，在农村合作金融的发展中都普遍重视法律的保障作用。德国农村合作金融的成功很大程度上源于法律对农村合作金融体系的保障作用。

德国农村合作金融就是在相关法律制度基础上建立起来的。由于合作社发展特点、所属法系和立法体例以及立法传统等的不同，各国合作社立法模式也各有不同，趋势上越来越以综合的合作社基本法与个别分业合作社法相结合为主。[①] 德国采统一综合立法与专门立法结合型模式，即制定一部一般性的合作社基本法来规范各种类型的合作社，在合作社基本法之外再针对各种特殊类型的合作社制定专门合作社法以满足其特殊调整需要。[②] 继英国于 1852 年颁布合作社法之后，德国是第二个制定合作社法的国家。1867 年，普鲁士王国通过了《关于经营和经济合作社私法地位法》，第二年进行了修正，到 1871 年先成为德国北部的合作社法，然后在德国统一后成为全德意志帝国的法律。德国合作社法的颁布确立了农村合作金融组织的合法地位，并由此建立了中央合作银行，成为德国农村合作金融的最高领导机构。在 1881 年进行补正后，1889 年，该法经过了一次较大的修改，并更名为《德国经营及经济合作社法》（以下简称《德国合作社法》）。修改后的《德国合作社法》又确立了合作与互助原则，确保德国农村合作金融以非营利性为目标，最大限度地为社员提供金融服

① 李勇军、欧阳仁根：《合作社立法模式比较分析及我国的合理选择——基于我国目前民商事立法的背景》，载《安徽大学学报（哲学社会科学版）》2009 年第 5 期。

② 孙晓红：《合作社立法模式问题研究》，知识产权出版社 2012 年版，第 32～34 页。

务。此外,德国合作社法对合作社的设立条件、组织结构、分支机构、财务审计及监管、社员资格的获得与终止、合作社与社员的权利义务关系以及合作社解散破产等方面均作出明确规定。随着农村合作金融在发展中不断出现的新情况和新问题,进入 20 世纪后,《德国合作社法》又经过多次修订,如建立社员代表大会制度、增加合作社审计协会、允许合作社向非社员提供金融服务等。为了与 2005 年《欧洲合作社条例》接轨,《德国合作社法》在 2006 年修订时又将有关公司治理的内容引入合作社的经营活动中,还降低了设立合作社的最低人员数量限制。最新版的《德国合作社法》于 2006 年 10 月颁布,并于 2015 年进行了修订。《德国合作社法》自诞生之日起一直保持与时俱进,适应外界新形势的变化,不断完善与修正具体法律条款,为德国合作社的健康持续发展发挥了保驾护航的推动作用。①

《德国合作社法》对不同行业、不同类型的合作社的经济行为进行调整与规范,具有综合性的特点。如《德国合作社法》在第 1 条就开宗明义地罗列了合作社的范围和类型,即合作社包括信贷协会、商品协会等七大类,表明该法为一部综合性的合作社法。因此,《德国合作社法》为德国大量存在的农村信用社提供了基本法律依据。此后,农村信用社等合作金融组织迅速发展起来,并先后组建了德国中央合作银行和德国合作社协会。第二次世界大战后,为了适应合作金融发展的需要,德国于 1949 年颁布了《德意志合作银行法》,并于 1976 年将其修改为《德国合作银行法》。此外,德国农村信用社等合作金融组织除适用上述法律外,还接受《德国联邦银行法》等法律的调整。综合立法与专门立法相结合,基本构成了德国农村信用社法律规范体系。②

《德国合作社法》的不断修改完善,一方面适应了合作社实践发展的

① 苑鹏:《德国最新〈合作社法〉的修订变化及其对我国的启示》,载《学习与实践》2016 年第 7 期。

② 孙晓红:《合作社立法模式问题研究》,知识产权出版社 2012 年版,第 33、162 页。

需求，另一方面仍保持着合作社法立法精神和立法原则，始终坚持合作制和不以营利为目的。德国采取综合立法与专门立法相结合的立法模式构筑的德国农村合作金融法律规范体系，对农村合作金融组织的发展起到相辅相成的作用，有力地支持了德国农村合作金融的发展。

三、我国农村合作金融组织立法完善路径

在现行法体系中明确农村合作金融组织的法律地位，是完善其制度和规范体系的前提。与德国在发展农村合作金融的法治建设上相比，我国农村合作金融的法制环境以及法律规制功能明显不足，可以借鉴德国立法经验，从合作社和金融制度两方面完善相关立法。结合我国关于农村合作金融立法的实际，可以借鉴德国"双法并行规制"[①]的做法，完善现有相关合作社立法，制定出台综合的农民合作社法和专门的合作金融法，从而为农村合作金融组织的规范发展提供有别于商业银行的合作金融组织系统法律依据，以完善我国农村金融法律体系。

（一）明确农村合作金融组织特定法律地位

明晰农村合作金融组织的性质是确立其法律地位的前提。尽管各国对农村合作金融组织类型的认定有所不同，但都在法律上确认了其法人地位，作为提供金融服务的一种金融组织类型，其与商业银行等其他金融机构不同，具有独特的组织优势，在农村金融市场发挥着重要的功能。

1. 关于农村合作金融组织性质的不同认识

经济学界通常将合作金融视为合作经济与金融的组合，是与商业金融和政策金融相对应的概念。在本质特征上，合作金融是商品经济条件下劳动群众为改善自身生产和生活条件、自愿入股联合、实行民主管理、获得服务和利益的一种集体所有和个人所有相结合的特殊的资金融通形

① 刘雨川：《德国合作金融实践对我国普惠金融的借鉴与启示》，载《黑龙江金融》2017 年第 7 期。

式。即使在不同的社会制度下,合作金融关系都具有自愿、民主、互利的共性。[①] 合作金融的关键在于资金的互助共享。合作金融组织是实现合作金融优势的载体。英国学者巴儒揭示了合作金融组织的具体特征,指出合作金融组织是小生产者或工人组织的团体,没有社员人数的限制,资产为社员所共有,遵循民主管理原则,将所吸收的社员储蓄以最优惠的条件放款给需要的社员,从而实现社员之间的互助互益,所得盈余转为公共积累或分配于社员,在资金不足时,又以社员连带责任进行对外借款。[②] 信用社世界理事会在其章程中对合作金融的一般组织形态(信用合作社)进行了定义:信用合作社是由个人集资联合组成、以互助为主要宗旨的合作金融组织。合作金融组织在一般内涵上体现为入社和退社实行自愿原则、社员权利平等和民主管理、以服务社员为主要经营目标、非营利性等。[③]

现有理论界对农村合作金融组织的性质存在不同认识,代表性观点有商业银行说、混合性质说、合作社法人说。对我国长期存在的农村信用社而言,从其资金来源、服务对象、治理结构、管理规则等方面来看,其实际上就是商业银行。[④] 而混合性质说主要是从我国实际存在的多种组织形式(如农村合作银行、股份合作制的农村信用社、农村股份商业银行等)出发,认为农民合作金融组织具有混合性。[⑤] 大多数从事合作经济研究的学者从合作制属性出发,指出农村合作金融组织的根本属性就是合作性,因此主张农村合作金融组织应是合作社法人。[⑥] 从整体上看,农村合作金融组织与其他经济组织和非经济组织,以及与非合作型金融机构的根本

---

① 岳志:《现代合作金融制度研究》,中国金融出版社2002年版,第77页。

② N. Barou, *Cooperative Banking*, London Press, 1932, p. 45.

③ 关于信用社世界理事会章程的内容,参见李洁:《农村合作金融组织法律问题研究》,法律出版社2013年版,第24页。

④ 谢平:《中国农村信用合作社体制改革的争论》,载《金融研究》2001年第1期。

⑤ 何广文:《合作金融发展模式及运行机制研究》,中国金融出版社2001年版,第44~58页。

⑥ 张余文:《中国农村金融问题发展研究》,经济科学出版社2005年版,第148页。

差异在于农村合作金融组织首先是一种金融组织，同时是一种合作型金融组织，也就是农村合作金融组织的基本属性是具有合作社本质。①

2. 农村合作金融组织属于特别法人

法人是具有民事权利能力和民事行为能力，依法独立享有民事权利能力和承担民事义务的组织。农村合作金融组织是在农村合作金融活动中，为服务对象提供金融服务的组织形态，反映了各种资源要素的集合，如成员、资金、金融服务等，因此，只要符合法人条件，农村合作金融组织也是法人。然而，法人的民事主体资格来自法律的创设，只有法律认可的享有主体资格的组织才能成为法人。不同国家和地区由于各自经济社会发展环境不同，法律所认可的享有主体资格的组织类型也不完全一致。如《德国民法典》在法人体系化上，主要区分公法人与私法人、社团与财团，《韩国民法典》也采用该模式。而《日本民法典》在法人体系化上则采用营利法人、公益法人以及中间法人的分类模式。② 一般而言，合作社法的制定者和从事合作制研究的学者均不把合作社看作企业或公司，但有些国家的立法（如《芬兰合作社法》）规定合作社是其社员设立的公司。《民法典》确立了三种法人类型，即营利法人、非营利法人、特别法人。企业或公司属于典型的营利法人类型，其成立目的是取得利润并分配给其股东等出资人。与营利法人相对的概念是非营利法人，其为公益目的或其他非营利目的而成立，并且不向其成员或者设立人分配利润，如事业单位、社会团体、基金会、社会服务机构等。此外，《民法典》还概括列举规定机关法人、农村集体经济组织法人、城镇农村的合作经济组织法人、基层群众性自治组织法人为特别法人。农村合作金融组织的成立是为"三农"服务，满足成员在农业生产、农村生活等方面的资金需求，为成员提供金融服务，通过成员之间在资金上的互助合作，使农业生产、农民生活、农村

① 李洁：《农村合作金融组织法律问题研究》，法律出版社 2013 年版，第 33 页。

② 最高人民法院民法典贯彻实施工作领导小组主编：《中华人民共和国民法典总则编理解与适用》，人民法院出版社 2020 年版，第 389 页。

经济都取得进步,而且提供金融服务所得利润遵循按出资分配和按惠顾额返还相结合的原则,旨在为全体成员谋福利和提高农民的市场竞争地位。因此,我国农村合作金融组织既区别于以取得利润(营利)为目的并按投资比例或股份份额分配所得利润的营利法人,也不同于为公益目的或者其他非营利目的而成立并不分配所取得利润的非营利法人,而应归为《民法典》第96条所规定的特别法人。

(二)完善农村合作金融组织制度体系的立法架构

我国《民法典》除采取概括式列举方式明确了特别法人类型外,还通过转介条款为各类型特别法人的特别立法提供了法律指引。如《民法典》第100条第2款除对城镇农村的合作经济组织法人作出专门调整规定外,还设置了转介条款,即"法律、行政法规对城镇农村的合作经济组织有规定的,依照其规定"。可以说,我国《民法典》为农村合作金融组织法人也确立了"一般立法+特别立法"的基本立法模式。[①] 在宏观立法架构上,《民法典》作为民事基本法为农村合作金融组织法人的制度体系和规范体系建构提供了基本依据,而农村合作金融组织特别法人地位的确立和实现还需要通过特别立法,为整个农村合作金融组织法人的制度体系与规范体系提供具体支撑。其立法重点应体现在坚持合作社本质属性和对提供金融服务的规范两方面。针对目前我国农民专业合作社法在调整范围上的有限性以及农村合作金融组织缺乏专门立法的现状,可以借鉴德国"综合立法与专门立法相结合"的立法模式,完善农村合作金融组织的制度与规范体系。

1. 制定具有合作制性质的为农服务组织基本法

合作社本质体现在合作社是社员所有、社员控制、社员受益的互助合作组织。从产生基础来看,商业银行主要为工业化生产提供资金服务,包

① 管洪彦:《农村集体经济组织法人类型定位之证成与价值展开》,载《法学论坛》2021年第5期。

括闲散资金的聚集与利用。商业银行通过吸收存款和发放贷款业务为工业化生产进行循环服务,其目的是通过提供专门服务获得更多利润。也就是说,商业银行的经营目的是营利。在具有弱质性的农业产业发展上,由于经营风险高、投资周期长、生产效率不高等问题,农业经营主体往往很难从商业银行获得融资,这也是由商业银行的营利性目的所决定的。而农村合作金融组织的产生是在商业银行无法满足农业生产者和农村经济组织、农民的资金需求的条件下产生的,即农村合作金融组织主要为服务"三农"而生,也因服务"三农"而获得发展,其所从事的金融服务活动不以营利为目的,主要为社员提供资金互助服务,是适宜农村和农业生产环境的独特组织制度安排。相较其他金融组织,农村合作金融组织的制度优势就在于实行合作制,即在农村合作金融组织的组成、治理结构、盈余分配等方面均坚持贯彻合作社制度精神。借鉴德国农村合作金融立法经验,应坚持合作金融立法理念,即在性质和地位上应明确合作制是合作金融的基本组织制度。农村合作金融组织具有独立的法人地位,不受任何单位和个人的干涉,坚持互助性、自愿性,依法开展业务,是农村金融的主体。①

在我国现行法体系中,调整合作组织的主体法律规范主要包括专门规范农民专业合作社组织和行为的《农民专业合作社法》以及专门规范管理农村资金互助社的《农村资金互助社管理暂行规定》。然而,我国现行法并无明确的规范对资金互助合作社以及农民合作社内部信用合作予以法律调整。主体法律制度的缺位是造成农村合作金融组织在发展中出现异化的一个重要原因。近年来,为规范供销合作社的组织和行为、将供销合作社改革纳入法治轨道,中华全国供销合作总社牵头起草了《供销合作社条例(征求意见稿)》,明确了供销合作社为"三农"服务的合作经济组

① 徐俊:《发达国家农村合作金融立法经验及其启示——以美国、德国为例》,载《农业经济》2015 年第 5 期。

织属性和特征,却存在体系化、语言表述等多方面问题,如对供销合作社、供销合作社联合社、中华全国供销合作总社的定位以及三者之间的关系的规定含混不清,甚至有矛盾之处;在坚持合作经济基本属性上不够彻底;对供销合作社与农民专业合作社之间的异同、个性与共性规定仍存模糊之处,也无相关信用合作规范。供销合作社改革的关键在于,坚持为农服务和政事分开、社企分开。确立供销合作社的特定法律地位是供销合作社改革法治保障的重要内容。

综合考虑目前关于合作经济组织的立法现状,基于立法成本和立法体系的双重考量,建议制定出台"农民合作社法",充分吸收现行《农民专业合作社法》以及正在起草制定的"供销合作社条例"关于合作制规定的相关内容,确立农民合作社的原则和本质性规定,为多种类型的农民合作社发展提供法律依据和制度保障。总的来说,关于农民合作社的立法在制度设计上就应体现合作经济基本属性,尤其要处理好政府与合作社的关系,坚持规范与促进相结合,从而建设与农民联结紧密、为农服务功能完备、市场化运行高效的合作经济组织体系。

2. 制定调整合作金融关系的专门法律规范

尽管农村合作金融对农村生产供销方面的合作具有重要的支撑作用,然而,农村合作金融在发展中所暴露出的组织定位不清晰、资金流向偏离"三农"方向、缺少相对完善的风险防范与控制机制等问题,使农村合作金融的优势难以发挥。[①] 针对农村合作金融中存在的信用问题、风险控制问题,须通过农民的组织化,尤其是合作化加以解决,同时加强合作金融的监管和约束机制,以规范促发展,从而发挥真正的合作金融优势,促进农村金融纵深发展并有效维护农民权益。为防范金融风险,维护农村金融秩序稳定,防止非法集资或敛财损害农民合法权益,农村合作金融组

① 秦峰:《"三位一体"背景下的农村合作金融发展研究》,载《农村经济与科技》2020 年第 24 期。

织的成立以及为成员提供金融服务等活动均须符合相关制度规范，如明确监管部门及其职责，对市场进入和退出实行审慎监管等。

然而，我国现有相关立法主要为规范性文件，立法层级低，同时存在大量的政策性文件，对农村合作金融的态度前后不一等，甚至造成农村合作金融在发展过程中出现异化，立法对金融资源的引导和配置明显不足。2021年年底，中国人民银行发布《地方金融监督管理条例（草案征求意见稿）》，明确将开展信用互助的农民专业合作社和其他实质开展农村信用互助业务的各类组织纳入地方金融监管部门统一监管，但没有对批准和监管部门的职责划分和协作问题作出明确清晰的规定。2022年年底提请全国人大常委会审议的《金融稳定法（草案）》明确规定，省级人民政府负责处置辖区内农村合作金融机构风险。在进一步修改完善现有立法草案的基础上，建议制定调整合作金融关系的专门法律——“合作金融法”，从规范合作金融的视角，对农村合作金融组织的规范发展提出具体要求，对包括农村合作银行、农村信用社、农村资金互助社等在内的合作金融组织的宗旨、性质、法律地位、产权安排、组织机构和权利救济等方面的内容作出明确规定，通过立法的形式构建“入股社员所有、由入股社员实行民主管理以及主要为入股社员服务”的合作金融运行机制①，以区别于商业金融，防范农村合作金融的双重风险，为规范农村金融市场和解决全面乡村振兴中“投入不足”的问题提供强有力的法律支撑。

结　语

综上所述，我国农村合作金融组织的不规范发展的法律根源在于，我国现行立法没有对农村合作金融组织的性质和功能加以明确规范，而且，在治理结构和金融风险防范等方面也存在立法缺位或立法层次低等不足。然而，农村合作金融组织在遵循合作制原则的基础上，与商业银行相

① 王兆东：《德国合作金融的借鉴与启示》，载《华北金融》2010年第8期。

比较而言,其更贴近于服务对象,与成员之间具有信息对称的优势,不仅能以较低的成本满足农户小额而分散的金融需求,可以起到商业银行以及其他金融机构难以替代的功能和作用,是农村金融市场上重要和难以替代的服务提供者,而且还在改善农村金融服务、整合乡村社会资源和促进乡村治理等方面具有重要的社会价值。总的来说,我国现有法律制度对农村合作金融的规范和保障不足,制约了合作金融制度优势的发挥,不利于农村合作金融组织的健康发展。

各国关于合作金融的立法往往与该国合作社和合作金融发展特点、所属法系和立法体例以及立法传统息息相关。其中,德国采用的"统一综合立法与专门立法相结合"的立法模式为我国农村合作金融组织立法路径的选择提供了参考。我国具有关于农民专业合作社的立法和法律实施经验以及关于供销合作社的立法经验,在此基础上制定一部统一的调整农民合作经济组织的基本法("农民合作社法")是可行的。再加上合作金融自身的特点以及在我国农村金融服务市场和乡村振兴中的独特作用,宜制定专门的"合作金融法",一方面通过立法规范我国农村合作金融组织的内部治理结构,另一方面构建适应我国农村金融市场的合作金融监管制度。归根结底,我国农村合作金融组织立法的任务是建立既适应我国现行法体系,又契合我国农村合作金融组织发展需求的法律规范体系。

论当前家庭农场立法缺位和税收优惠问题

杨大春*

摘　要：突出抓好家庭农场建设是“十四五”时期全面实施乡村振兴战略，培育新型农业经营主体，促进全面建成小康社会的必然之举。发展家庭农场必须解决法律主体地位缺位和财税扶持力度不足的问题。我国应当加紧制定“家庭农场法”，不对家庭农场的具体组织形式做强制性要求，允许家庭农场在合伙企业或者公司两种形式中选择一种，从而为家庭农场在承包地经营权流转、签订合同、销售产品、享受贷款等方面创造便利条件。同时，政府还应当依法加强对家庭农场的财政补贴和税收扶持，尤其需要完善税收优惠政策，做好纳税服务工作。

关键词：家庭农场；立法；财税扶持；税收优惠

全面建成小康社会必须全面实施乡村振兴。因此，党的十九届五中全会提出“全面实施乡村振兴战略”。《中共中央关于制定国民经济和社会发展第十四个五年规划和二〇三五年远景目标的建议》第27条明确要“加快培育农民合作社、家庭农场等新型农业经营主体”。政府对家庭农场的培育工作主要分为保障、扶持、引导三部分，保障是法律和政策性工

* 杨大春，常州大学中国财税法治战略研究院研究员。

作,扶持是财政税收和金融性工作,引导是市场、信息、科技、人才等技术性工作。在"税收法定,依法治财"的法治原则下,财政税收的扶持工作与法律和政策的保障工作联系紧密,故本文将二者整合在一起进行集中研究。

一、当前培育家庭农场面临的主要问题

毫无疑问,家庭农场已经成为我国新型农业经营主体的生力军。在农业经营新型主体中,虽然家庭农场不能与农民专业合作社平分秋色,但也已在其中占有相当高的比重。以江苏省为例,到2019年3月底,江苏省共有48,927个家庭农场,经营总面积达到10,117,160亩,家庭农场经营面积平均为195.14亩。江苏省家庭农场的经营面积已经约占江苏省耕地总面积的14.72%(江苏耕地面积6875万亩)。[①] 正如2019年3月8日习近平总书记在参加十三届全国人大二次会议河南代表团审议时所强调,实施乡村振兴战略要"突出抓好家庭农场和农民合作社两类农业经营主体发展,支持小农户和现代农业发展有机衔接"。[②] 要改进家庭农场发展现状,做好家庭农场工作,必须了解家庭农场建设目前存在哪些问题,面临什么困难,然后有的放矢。根据调查和研究,当前我国家庭农场主要面临以下问题:

(一)法律主体地位不明确

明确的法律主体地位是法治社会中任何一个主体正常存在和运行的首要条件。迄今为止,我国家庭农场恰恰面临这样一个根本性的问题。虽然2013年中央一号文件明确提出要发展家庭农场并越来越加以重视,但究竟什么是家庭农场,家庭农场是什么性质的组织或者机构,对于这些

① 耿献辉、张妍、潘超、杜海蓉:《江苏家庭农场高质量发展的战略路径与支持政策》,载《现代金融》2020年第4期。

② 《习近平 李克强 王沪宁 韩正分别参加全国人大会议一些代表团审议》,载人民政协网,https://www.rmzxb.com.cn/c/2019-03-09/2305845.shtml。

问题目前尚没有任何一部法律法规对其加以明确规定。2019 年 8 月 27 日制定的《关于实施家庭农场培育计划的指导意见》第 24 条提出“加强促进家庭农场发展的立法研究，加快家庭农场立法进程，为家庭农场发展提供法律保障”。但目前这项工作仍处于准备阶段，尚未进入正式立法程序。与之形成对比的是，针对另一种新型农业经营主体——农民专业合作社，目前有相应的行政法规和部门规章确认其地位，保障其权利，第十届全国人民代表大会常务委员会在 2006 年 10 月 31 日制定通过了《农民专业合作社法》。2017 年 12 月 27 日，第十二届全国人民代表大会常务委员会对其作了修订。家庭农场的立法现状与全面实施依法治国战略、推进国家治理体系和治理能力现代化的时代要求明显脱节。

家庭农场立法空缺，直接导致家庭农场在权利义务、内部治理、财产结构、市场主体地位及扶持措施等方面均没有明确统一的规定，长此以往必然严重影响家庭农场的正常运作和发展壮大，阻碍家庭农场的培育和规模化经营。尽快制定《家庭农场法》，填补立法空缺，是乡村振兴和市场建设的必然要求，也应当是“十四五”时期国家立法的当务之急。

（二）财税扶持不到位

作为从传统小农经济升级进化而来的家庭农场具有规模小、资金少、技术弱等先天不足，但同时它又是当前小农户和现代农业发展的有机衔接，是我国农业未来的主要经营模式。基于此，制度层面有必要就家庭农场的培育与发展进行多方面的帮扶支持，尤其在财政补贴、税收优惠和金融信贷等方面。然而，令人遗憾的是，目前针对家庭农场经营者的支持力度普遍不够。因为没有法律和政策的明确依据，家庭农场能否享受财政补贴和税收优惠处于不确定状态。实践中，一些行政执法机关根据有关“农业生产者”、“农户”或者“小微企业”的规定而合理推导，家庭农场能否最终享受优惠依赖于执法者的自由裁量。即便依据“农业生产者”、“农户”或者“小微企业”的规定能够推理出家庭农场应当享受优惠的结论，但又经常会因为受现实政策的种种前提条件限制，使这些优惠不能得到最终落实,相关优惠措施成为高悬在空中的果子,只能让家庭农场经营者望梅止渴。这点在农业生产和经营领域金融贷款方面表现得最为突出。虽然当前金融系统针对农业生产和经营有许多贷款支持方案,包括各种普惠性金融措施,但是,这些措施多都附有抵押或者保证等担保条件,整体实力偏弱的家庭农场因为无力满足这些担保条件,所以客观上很难享受这些金融帮扶措施。当前法律法规和财政部、国家税务总局制定的部门规章和其他规范性文件中规定的针对农业生产和乡村振兴的税收优惠措施包括四大类 101 条(支持农村基础设施建设类、推动涉农产业发展类、激发农村创业就业活力类、推动农业金融发展类),共涉及增值税、企业所得税、个人所得税、印花税、城镇土地使用税、耕地占用税、契税等 12 个税种,减税、免税、退税等 3 种优惠方式。其中,有针对农民专业合作社的、社员的、农户的、农业生产者的、农产品经营者的、涉农企业的,但是没有明确针对家庭农场的。严格来讲,如果不根据农户、农业生产者、农产品经营者这些概念加以合理推导和法律解释的话,家庭农场在我国还不能享受任何税收优惠和扶持(虽然实际情况是一般都按照农户或小微企业享受优惠)。

二、解决问题的途径

针对上述两个问题,应当通过加紧制定法律、完善税收优惠政策、加快地方税体系建设、加强纳税服务四条路径加以解决。

(一)制定法律,补充缺位

我国应当在积极稳妥、科学严谨的原则下抓紧推进有关家庭农场的立法工作,加快制定"家庭农场法"以及与之配套的行政法规、部门规章和其他专门的政策文件。通过该法明确家庭农场的法律主体地位,便于其参与市场经营,获得政府的财政补贴、税收优惠和金融信贷支持。

首先,应当确定"家庭农场法"的性质是以规定具体权利义务、调整具体行为规范为目的的实体法,还是以调动社会资源、促进家庭农场培育发展为目的促进法。本文主张将权利义务落到实处，使主体能够真正依法运转，使家庭农场经营者能够真正享受权利、承担义务，真正规范化运转。其次，应当解决家庭农场的法律主体地位，即在《民法典》规定的三类民事主体（自然人、法人、非法人性组织）范围内确立家庭农场的主体属性，以便为家庭农场的设立与登记创造条件，同时也可以明确经营者的权利义务，便于家庭农场参与市场交易，便于市场其他主体对家庭农场加以合理预判。尤其是家庭农场在走向规模化、集约化、商品化的过程中需要与其他农户签订土地流转合同，必须明确其法律主体地位，确立其权利义务，确保土地流转合同的法律效力，为家庭农场的土地经营权和未来稳定的投资与发展提供法律保障。目前，家庭农场在登记注册时有登记为个体工商户的，有登记为个人独资企业的，也有登记为合伙企业或者公司的，各地尚没有统一的准则。对于家庭农场属于三类民事主体中的哪一类，理论界的观点也不一致，有人主张将家庭农场定性为独立的法人组织，也有人主张定性为非法人型的合伙组织。美国各州对家庭农场的定性不完全一致，有法人型的，也有非法人的合伙型的。欧洲、日本等国也是如此。鉴于我国小农经济的长远历史和家庭农场刚刚起步的客观事实，以及未来家庭农场逐步发展壮大并走向成熟的趋势，笔者主张“家庭农场法”暂时不必对家庭农场的法律主体地位作单一的非此即彼的规定，而应当承认家庭农场既可以是非法人的合伙型企业，也可以是法人的公司性企业。具体是哪一种性质，由家庭农场在登记注册时根据自身的条件和法律的具体要求而选择决定。如果是公司性企业，可以考虑以承包地和受让的流转土地为股份，构成公司资本，家庭农场成员为公司股东。在此基础上构建法人型企业化的家庭农场。[①] 最后，“家庭农场法”应当对家庭可承包和租赁经营土地的规模、可雇佣工人的数量作出明确规定。即使不设定

① 朱睿妮：《家庭农场治理的法人化进路与现实选择》，载《福建农林大学学报（哲学社会科学版）》2020 年第 1 期。

单一的标准,也应当明确家庭农场可受让和经营土地及雇工的数量范围。之所以要从原先的家庭承包户进一步扩大和发展为家庭农场,就是为了使农业生产经营能够规模化、集约化、商品化。规模化生产经营是家庭农场的必然方向,否则,就失去了家庭农场存在的意义。但与此同时,考虑到社会风险等因素,家庭农场的发展规模必然是有限的。综上所述,家庭农场不是脱离家庭的现代化公司或企业,而是兼具传统和现代的复合体。至于如何确立家庭农场的规模界限,以及达到界限之后家庭农场是否可以升级换代为现代企业性质的农业公司,也是"家庭农场法"应当加以规定的。此外,"家庭农场法"还应当对家庭农场的成员、内部结构,家庭成员以及家庭以外成员的加入与退出机制,成员资格的取得、消灭与继承,家庭农场财产与家庭财产之间的关系,利润分配和债务负担的原则等问题作出规定。

(二)完善财税政策,加大财税扶持

前文已述,目前因为家庭农场法律主体地位不明确,所以现有的税收优惠政策与法律法规都尚未将家庭农场作为直接优惠的对象,这种情况应当有所改变,改变的基本方法是贯彻税收法定和纳税人平等原则,"不区分经济性质,使各家庭农场主能根据自身特点,自由选择企业的经济性质",享受同等税收优惠。[①] 在涉农税收优惠的政策和法律法规中,除非确有理由的特殊情况,否则可以比照农民专业合作社的地位,在相关规定中列入家庭农场,财政补贴政策、金融扶持政策中也应当列入。

就税收优惠内容而言,家庭农场目前除了可以参照"农业生产者"或者"农户"、"小微企业"享受税收优惠外,今后应当修订税收法律和政策,使家庭农场比照农民专业合作社享受同等税收待遇。具体而言,当前应当明确以下 8 点税收优惠:(1)家庭农场签订的涉农购销合同免征印花

---

① 周仕雅、林森:《家庭农场涉税问题研究——以浙江五县为例》,载《税收经济研究》2013年第5期。

税；（2）购进家庭农场销售的免税农产品可以抵扣进项税额；（3）家庭农场管理性用房免征房产税；（4）家庭农场经营性房产（如租赁、观光农业、餐饮、体育训练等房产）减免房产税；（5）家庭农场拥有和使用的三轮汽车、船只等定期减免车船税；（6）家庭农场销售农产品免征增值税；（7）家庭农场的涉农经营所得免征企业所得税；（8）家庭农场成员从农场中获得的收益免征个人所得税。此外，党的十九届五中全会指示要“全面实施乡村振兴战略，强化以工补农、以城带乡，推动形成工农互促、城乡互补、协调发展、共同繁荣的新型工农城乡关系，加快农业农村现代化”。《中共中央关于制定国民经济和社会发展第十四个五年规划和二〇三五年远景目标的建议》作出了“推动城乡要素平等交换、双向流动，增强农业农村发展活力”的规划。今后必然有更多的城市资本、工业资本投入农业生产，包括有可能投向家庭农场、农民合作社以及新型农村集体经济之中。家庭农场和其他农业经济建设也必然呈现更多的一二三产业融合发展态势。适应这种发展潮流，及时跟进税收优惠和其他扶持措施是我国农业税收工作面临的新形势和新任务。

（三）加快地方税体系建设，为对家庭农场的财政补助提供动力

家庭农场的发展壮大少不了地方政府的财政支持。改革国家财政税收体制，建立完善的地方税财政体系，增强地方财政实力，对培育家庭农场、促进乡村振兴至关重要。2013 年 11 月，党的十八届三中全会在《中共中央关于全面深化改革若干重大问题的决定》中确立了“深化税收制度改革，完善地方税体系，逐步提高直接税比重”的财税体制改革目标。2017 年 10 月，党的十九大报告明确要“深化税收制度改革，健全地方税体系”。2021 年 3 月，《中华人民共和国国民经济和社会发展第十四个五年规划和 2035 年远景目标纲要》再次强调“推进房地产税立法，健全地方税体系，逐步扩大地方税政管理权”。今后，我国必将适当扩大地方税规模，提高地方税比重。在房地产类税收和车船税、烟叶税等地方税种的基础上，我国还将扩大水资源税费改革试点，深化资源税、城建税改革，使税收分配进一步

向地方倾斜,健全规范地方政府收入机制,增强地方政府的财政能力。做好这些改革是培育家庭农场、促进乡村振兴所必需的地方动能和支撑。

(四)加强人才培养,完善纳税服务

当前,家庭农场的经营者普遍年龄偏大,文化素质偏低,缺乏专业的税收知识,对税收优惠的政策法规不够了解,很难主动运用,从而制约了税收优惠的功能发挥。在今后的税收优惠制度改革中,除制定各项税收优惠政策和法律法规外,还应当进一步做好纳税服务工作,包括税务登记、纳税申报等税收征管中具体的"放管服"工作,以及培育懂得财税法律、服务于农村的律师和会计师等现代人才,将各项税收优惠政策落到实处。2021 年 2 月 23 日,中共中央办公厅、国务院办公厅印发《关于加快推进乡村人才振兴的意见》。按照该意见的部署,"到 2025 年,乡村人才振兴制度框架和政策体系基本形成,乡村振兴各领域人才规模不断壮大、素质稳步提升、结构持续优化,各类人才支持服务乡村格局基本形成,乡村人才初步满足实施乡村振兴战略基本需要"。该意见特别强调了"突出抓好家庭农场经营者、农民合作社带头人培育。深入推进家庭农场经营者培养,完善项目支持、生产指导、质量管理、对接市场等服务"。其中,应当包括对这些人才在财政税收、税法、会计方面的知识培养。

综上所述,当前我国对家庭农场的税收优惠政策既面临着一些问题,也拥有着空前的优势和机遇,寻找合适的路径解决这些问题具有深远的社会意义。今后,我国应当及时制定"家庭农场法",修改完善税收优惠政策,细化税收优惠具体措施,加强农村税收人才培养和纳税服务工作,增强税收优惠政策的可操作性。这样将使税收优惠法律和政策落地生效,促进家庭农场培育发展,全面推进乡村振兴。

第五部分　乡村治理

传统村规民约与当今村治论纲*

邢锐锐　于语和**

摘　要:村规民约历久悠远,承传至今,根植于乡土中国,乃村民自治的"胚胎",归属基层社会治理的内生规则体系。村规民约是古老中国自生孕育的社会规范,在基层自治中的治理势能不容小觑。本文条分缕析村规民约的渊源流变,剖析阐释传统村规民约的内在结构和运行效果,承认吸纳现代村规民约的治村范式,谋求国家法律与村规民约的融通互动,为当今村治提供宝贵的理论启迪,进而襄助基层治理体系和治理能力现代化的实现。

关键词:村;村规民约;乡土中国;村民自治

---

* 国家社会科学基金一般项目"依法治国的中国传统法律文化溯源研究"(19BFX021)、山西省高等学校哲学社会科学研究项目"乡村振兴视域下数字乡村治理路径的研究"(2023W098)、太原科技大学博士科研启动基金项目"系统论视域下毛泽东读书观论析"(W20232005)、来晋工作优秀博士奖励资金项目"马克思主义法治思想中国化研究"(W20232021)研究成果。

** 邢锐锐,太原科技大学马克思主义学院讲师;于语和,南开大学法学院教授、博士生导师。

村规民约是传统社会内生的产物,既是乡民"心中的法",亦是乡民"实际行动中的法",是农村场域民众遵行不替的行为准则,维系着乡土社会的存续。村规民约延承上千年,历经命运浮沉,仍能活跃在当今的广大农村有其历史必然性。深挖传统村规民约治村中可供借鉴的本土资源,构筑国家法律外生秩序与村规民约内生秩序共同作用的农村治理体系,可为乡村振兴战略的落实注入内源动力,推动农村社会的高效能治理。

一、村与村规民约

村是传统国家与社会大厦之基,虽处于末端,却为国家致治之本。本文通过考察村的结构实体,爬梳村规民约的历史沿革,剖释传统村落高度自治的奥秘。

(一)村

传统村落虽为国家政权遥不触及的僻远之地,却是中央权力得以维系的资源输出地,是古老中国绵延存续的根基。费孝通先生一语道破了中国乡村社会的基本性质:"从基层上看去,中国社会是乡土性的。"①传统村落是在一定地域空间内由多个家庭聚居而成的自然村落演进而来的,从外观形态和内部运作来剖析传统村落的结构实体,其拥有特定的地理空间范围和文化心理边界,具备自足的秩序维持系统。② 中国古代农业文明社会的生产力水平极其低下,乡民只能取资于土地,种地几乎是农民谋生的唯一手段,"带不走的土地"迫使乡民被束缚在固定的场所,人口流动微乎其微,代代如是,传统社会呈现为高度稳定的样态。在传统社会的静态格局中,为了更好地满足生活需要,异姓的乡民聚村而居,大大小小的村落衍生为乡民特定的生存空间,世世代代居住于此,祖祖辈辈守望相助,乡民彼此之间高度熟悉,呈现为以村落为边界的熟人社会。"官不下

① 费孝通:《乡土中国 生育制度》,北京大学出版社1998年版,第6页。

② 刘伟:《论村落自主性的形成机制与演变逻辑》,载《复旦学报(社会科学版)》2009年第3期。

县”的权力架构将中国传统社会割裂为自上而下的官权和自下而上的绅权平行运作、相互合作的“双轨政治”格局。考察分析传统社会的运作模式，表象是自上而下的政治轨道坚决地执行皇权，实际上，当命令下达至基层一级与乡民接触时，差人和乡贤耆老利用手中握着的实际权力将压力透到上层，转变成自下而上的政治轨道，维系村落内部的秩序稳定。在传统社会的熟人空间内，乡民因其承袭同样的生活模式和礼俗秩序，形成一种村落内部的同质化认同，达成一种强烈的地域共识，传统村落逐渐生成具有内部自治功能的村落共同体。

（二）村规民约

村规民约是基层社会治理的重要工具，绵延久远，历经了漫长的演化进程。从历史的陈迹中溯其源流，村规民约经历了“生发盛行”“式微消解”“转型重塑”三个阶段，如今重新活跃在广大乡村。

传统村规民约横亘上千年，成文化文本生发于北宋，历经明清和民国时期两次盛行。村规民约始于异姓村落组织形成后，聚居于此的人们在长期交往中形成的地方性习俗。据考证，远在周代，随着里正、乡老的出现，村庄中已有涉及防洪、灌溉、防御外侮的民约。[①] 东汉时期的《汉侍廷里父老谭买田约束石券》或许是目前最早用文字记录的民约，其券文记载了居民自发组织名为“父老谭”团体，协议集体钱财和共置田产用于日常开销。[②] 成文化的村规民约产生于北宋，但学界关于最早的成文化乡约文本存有争议。王铭铭主张历史上最早的村约是北宋仁宗天圣八年（1030年），范仲淹“为环庆路经略安抚、缘边招讨使”而为当地羌人制定的条约。安广禄认为《吕氏乡约》是我国历史上第一部成文化的乡规民约，其在将约文“德业相劝、过失相规、礼俗相交、患难相恤”细化为各种项目的基础上，制定了相应的处罚措施，是系统成型的乡约范本，影响力波及后世。

① 费成康：《中国的家法族规》，上海社会科学院出版社2002年版，第195页。

② 党晓红：《中国传统乡规民约研究》，西北农林科技大学2011年博士学位论文，第26页。

及至明清,受儒理学者接续推广,村规民约受到朝野重视,施行甚广,演进为完备的制度体系。王守仁揆诸现实,兴办社学,颁行《南赣乡约》。相较于《吕氏乡约》士人阶层的色彩,《南赣乡约》更具实用价值,但圣训六谕的加入使乡约的性质由纯粹民间自治演变为官办自治。清朝皇帝普遍推行乡约,颁布圣谕,地方基层负责宣讲圣谕,教化乡民。村规民约看似升华为国家的正式制度,实则流于表面形式,沦为对圣谕的宣讲,成为一纸虚文而无裨实际。直到民国,乡村建设运动的开展促使村规民约的发展迎来了短暂高潮,效果卓著的有梁漱溟在山东邹平建设乡村;阎锡山在山西开展村政建设,实施杂糅古今多种规范的"村禁""村范";晏阳初在河北定县(今河北省定州市)推进的"乡村建设";陶行知在南京推广的"乡村教育"。

中华人民共和国成立后,国家权力深入农村腹地,实现了对农村的全面管控,村规民约赖以生存的自治空间消逝,中国社会转型的阵痛辐射至村规民约,其转入式微消解阶段,时间跨度为新中国成立至改革开放前。国家权力延伸到基层神经末梢,村规民约生存所依托的空间被挤压,悄然以礼俗、道德的形式潜在地参与社会治理,发挥了实质性功效。改革开放以降,村规民约焕发生机,进入转型重塑的发展阶段。19 世纪 80 年代初,沉寂已久的村规民约在广西壮族自治区宜山县合寨村(今河池市宜州区)的果作屯重新出现。[①] 1987 年,《村民委员会组织法(试行)》(已失效)第 16 条规定:"村规民约由村民会议讨论制定,报乡、民族乡、镇的人民政府备案,由村民委员会监督、执行。村规民约不得与宪法、法律和法规相抵触。"自此,国家层面相继出台关于村规民约的法律政策,促使村规民约与现代法治精神接轨。《村民委员会组织法》(1998 年)第 20 条第 1 款规定"村民会议可以制定和修改村民自治章程、村规民约,并报乡、民族乡、镇的人民政府备案"。《村民委员会组织法》(2010 年修订)第 27 条第 1 款及《村民委员会组织法》(2018 年修订)第 27 条第 1 款沿用此条款。此

① 牛铭实:《中国历代乡约》,中国社会出版社 2005 年版,第 98 页。

外,《村民委员会组织法》(2010年修订)新增"村民自治章程、村规民约以及村民会议或者村民代表会议的决定违反前款规定的,由乡、民族乡、镇的人民政府责令改正"作为第3款。2018年,《民政部 中央组织部 中央政法委 中央文明办 司法部 农业农村部 全国妇联关于做好村规民约和居民公约工作的指导意见》提出"到2020年全国所有村、社区普遍制定或修订形成务实管用的村规民约、居民公约,推动健全党组织领导下自治、法治、德治相结合的现代基层社会治理机制"。

杨开道先生从村民自治的角度高度评价乡约制度,认为"乡约制度是中国古来昔贤先觉建设农村的一种理想,一种试验"。[①] 纵览村规民约的历史流变,可知其命运走向与国家权力浮沉密切相关,村规民约的发展演变折射了中国基层治理方式的变迁。

二、传统村规民约结构和运行效果

传统村规民约是古代中国内生的产物,是村落社会治理的规则文本,本部分系统剖析其结构和运行效果,探寻村规民约延承千年的奥秘,进而对传统社会村民自治进行深层次的解读。

(一)传统村规民约的内在结构

传统村规民约是村落安定的道统,本部分从制定主体、调整范围、约束力来源与表现、性质与载体四个视角对其做系统性的学理分析,以期形成整体性的认知。

1. 传统村规民约的制定主体

传统村规民约基于以地缘关系为纽带的异姓杂居村落的形成而自发生成,随着传统村落内部异姓家族逐渐增多,礼俗道德等隐性行为规范不能充分协调各个家庭乃至家族之间日益复杂的社会关系,传统村规民约应运而生。

---

① 杨开道:《中国乡约制度》,商务印书馆2015年版,第1页。

传统村规民约是对1949年新中国成立之前乡约的统称,古代社会的“村范”“村约”“村禁约”“民约”“乡约”“乡规”都属于传统村规民约的范畴。关于传统村规民约的概念,学术界进行了有益的探讨。从村规民约的权威渊源出发,高其才主张其作为一种独立于国家制定法之外的习惯法,是具有一定强制性的社会行为规范。① 张明新教授认为,民间法视域的村规民约是一种民间自行设立的处理地方性事务的社会组织体系。② 聚焦村规民约的文化起源,有学者认为村规民约来源于中国传统文化,满足人们的生活需要,依靠人们服膺传统来保证实施。从辞源学的角度来看,村规民约是“村规”与“民约”的叠合。“规”的引申义为共同遵循的规则法度,“约”的引申义为以文字或语言共同约定遵循的条文,传统村规民约是乡民在长期生活交往过程中自发形成、共同遵守的民间行为规范。历代村规民约均是乡民意思不同程度的表达,是乡民不同程度的合意。乡约虽然由民间权威起草,但还是要征询乡民们的意见,即经过“苟以为可,愿书其诺”的程序,由大家签名同意;而且规定“若约有不便之事,共议更易”,可以集体讨论修改。另外,乡贤由“众推”,处罚经“众议”。③ 乡村贤达抑或官方名臣仅因其富有学识而担任村规民约制定执行过程中的主导者,乡民则因须经其同意而成为村规民约的制定主体。

2. 传统村规民约的调整范围

传统村规民约深受村落自身、家族势力、儒家文化的三重影响,不可能事无巨细地涵盖社会生活的方方面面,只是规定了村民的道德行为,并没有具体划分村民的权利与义务,加之农业文明社会的经济关系较为简单,导致调整范围限于宗族法规之外的领域,包括保护农作物生产、维护

---

① 高其才:《乡村治理视角下村规民约的变与常——以贵州省锦屏县平秋镇魁胆村为考察对象》,载《学术交流》2019年第4期。

② 张明新:《乡规民约存在形态刍论》,载《南京大学学报(哲学、人文科学、社会科学版)》2004年第5期。

③ 刘笃才:《中国古代民间规约引论》,载《法学研究》2006年第1期。

社会公益、淳化社会风俗等。

传统社会中的乡民出于生存需要本能地聚村而居,并没有建构特定村民机构的主观意识,村落自身的局限性致使传统村规民约中不可能出现关于村务的条款。中国传统社会采用以家庭为生产单位的小农经济模式,农作物几乎是乡民生活的唯一来源,保护农作物自然成为传统村规民约的重要事项。光绪甲辰年(1940 年)的《庚广村石碑》对践踏偷盗农作物的行为作出罚款规定:"一议山中田地禾苗,不得放牛踩吃,犯者倍(赔)回,罚二千文;一议山中田地谷子杂物,不得乱拿乱要,犯者绑人,罚二十千文。"[①]家法族规和村规民约都脱胎于传统社会,二者之间有着千丝万缕的联系,甚至在豪门大族所在的村落出现重合,但村规民约严格区别于家法族规。传统社会盘根错节的家族势力使"办学、宗祠保护、祖先祭奠、婚姻家庭、继承、承祀多由家族内部决定"[②],村规民约的调整范围受到强力挤压,仅限于保护社会公益事项。山西洪洞、赵城、霍州三县交界处的 15 个村自发组成的"四社五村"用水体系,由明清延续至当代,四社轮流主办水利工程、财务活动与祭祀活动。[③] 儒家移风易俗的主张潜移默化着乡民的思维方式,历代村规民约都将儒家伦理价值观通过制度化的形式运用于基层治理,制定了有关社会风俗的条款,尤以禁赌事项居多。光绪甲辰年(1904 年)的《永立戒赌碑文》对赌博者和知情不报者均作出了明确的处罚规定,记"无论各家子弟,若遇红白二事,不得以偷赌作伴。赶街上路,在村出村,不得三五成群,三文五撮,三百五百,再为偷赌。见者报明头人,头人传知合村老幼,公同重罚"。[④]

---

① 杨一凡、田涛主编:《中国珍稀法律典籍续编》(第十册),黑龙江人民出版社 2002 年版,第 351、320 ~ 321 页。

② 于语和:《民间法》,复旦大学出版社 2008 年版,第 183 页。

③ 龙登高、王明、陈月圆:《论传统中国的基层自治与国家能力》,载《山东大学学报(哲学社会科学版)》2021 年第 1 期。

④ 杨一凡、田涛主编:《中国珍稀法律典籍续编》(第十册),黑龙江人民出版社 2002 年版,第 320 ~ 321 页。

3. 传统村规民约的约束力来源与表现

传统村规民约作为习惯法的重要法源之一,其效力依赖于一种类似强制性的行为机制,这种强制力并非来自国家法令,而是来自村民内在的心理认同,这种集体认同外化为礼俗制度、道德教化和“准公权”。

礼是中国传统社会独特的行为规范,发端于初民社会的祭祀仪式,经由“周公制礼”进而生成无所不包的行为准则,化民成俗,成为一种开放的礼俗制度。乡民不必依靠强制性的国法来维系彼此之间的关系,他们完全可以凭借相互间千丝万缕的联系和对相对长久的利害关系的考虑,通过涵盖社会生活方方面面的礼俗来调整公共生活中发生的冲突,维护家族或乡村共同体内部的秩序。[①] 从国家权力中心延伸至乡土民间,礼俗的约束力愈发强劲,乡民持守礼俗制度,倘若其言行触犯礼俗制度,定会受到不同程度的处罚乃至精神上的孤立。德和礼融会贯通,相须而成,共同维系着传统社会的存续。西周以降,道德演化为传统社会中乡民应当自觉遵循的信条,人们通过内心反省获致完善的人格,形成道德的内在约束。道德依靠社会舆论得以维持,礼俗凭借人们尊崇的传统得以保证,相较于约束力较强的礼俗制度,道德教化归属于社会治理的柔性线条,二者共同构成村规民约的内在精神支撑。传统村规民约的运行离不开权威力量的引领。乡贤耆老等民间权威是传统村规民约的实际运作者,“他们手中握有一种类似于国家公共权力的权力”,具有极大的威力,或可称其为“准公权”。[②] 在传统社会,囿于经济发展水平,乡贤群体是唯一享有教育和文化特权的集体,引导着乡村的命运走向,村规民约因其获得了“准公权”的支持与推行而具有相当的约束力。

4. 传统村规民约的性质与载体

从法律多元主义的视角剖析传统村规民约的性质,村规民约是位于

① 贾德裕:《现代化进程中的中国农民》,南京大学出版社1998年版,第77页。

② 于语和:《民间法》,复旦大学出版社2008年版,第95、187页。

国家权力边缘地带的村落进行社会治理的重要手段，是一种介于官方制度与非官方制度之间的规则。“村规民约”既不是“国家法”的对立之物，更不是“国家法”的简单扩张和延伸，而是介于两者之间，具有某种程度上的双重特质。[①]

若从制定主体的角度阐释，传统村规民约的制定和执行均无国家公权力的参与，主要通过道德约束力来约束人们的行为，不能将其归属于国家法律的范畴。若从发生效力的角度考察，村规民约与国家法律之间并不存在泾渭分明的分野，村规民约如同国家法律一样在其作用场域发挥着调整人们行为、稳固社会秩序的作用，是在农村发挥着实际效用的“行动中的法”。据此，传统村规民约因其“具有类似法的特征，起到类似于法律的作用”而属于“准法”规范，具有“准法”性质。[②] 传统村规民约是村民根据实际需要制定实施的文本，是特定农村场域内村民生活方式、思想观念、行为规范的意思表达，要想切实发挥其“准法”效力，必须借助外在载体运行。从约文结构来看，传统村规民约并不具备正式法律意义上的条文格式，更像是一份告白书，一般包括标题、约文和落款三部分。从外在载体来看，传统村规民约通常并不十分规范，其载体包括石碑刻和纸张文本。以碑刻立之，意欲何为？诸多碑文的序言晓畅其义。比如，“恐无实据，日久忘之，是以勒石碑铭，相述不替，以垂百世不朽之意云尔”[③]。又如，“恐日后事属久违，人心不齐，故特勒碑，以永垂不朽”[④]。传统村规民约采取立碑铭刻的方式，旨在彰显其永恒的效力。但石碑刻的形式亦导致村规民约效力空间的有限性，传统村规民约固定于特定的区域，仅仅对此区域内看到碑刻的人们发挥效力。考察历代村规民约的纸张文本，可知其广泛存在于地方

---

① 廉睿：《源于乡土之中的“村规民约”体系及其未来演化方向——基于法律人类学的研究进路》，载《保定学院学报》2016年第3期。

② 于语和：《民间法》，复旦大学出版社2008年版，第187页。

③ 于语和：《民间法》，复旦大学出版社2008年版，第187页。

④ 政协柳州市柳北区委员会文史资料编辑组编：《柳北文史》第11～12集，第232页。

史志、人物传记、图书文集、官方公牍等文献资料中,尤于地方史志中居多。

(二)传统村规民约的运行效果

传统村规民约的运行过程是村民维护集体利益、表达现实诉求的过程,其运行效果是指村规民约依靠其内在约束力在解决社会纠纷、维护社会治安、淳化社会风气、保护公益事项方面所发挥的现实功用。

1.解决社会纠纷

传统村规民约源于乡民的日常交往,能够理顺村落内部复杂的社会关系,调解和化解各类矛盾纠纷,满足人们的生活需要。乡贤耆老因其手中握着的“准公权”充当传统村落内部社会纠纷解决的主理人。道光二年(1822年)的《门头下灵黄桑三村石碑》指明乡贤是纠纷的审判者且规定了纠纷解决的原则:“三村立石碑,大事收为小事,小事收为全无。……有事用请里(理)者,事无(完)就莫播(翻)。三村有事,不用挑人。”①咸丰五年(1855年)的《有食上村村规民约碑》详细记述了有关息讼遵制的规条:“一息争讼。凡乡村之中,和气致祥。凡钱账田土,互相口角,必先通知老人。倘有藉事生端,妄经官府者,必究。……一遵条约。凡乡村之中,幸有正直老人,严谨村规,最是美事。倘有子弟非为,而其父兄为之护蔽,以致养成大恶者,必究。”②生产的发展导致社会分化日益严重,田土买卖时有发生,经济纠纷不可避免,有村规民约规定卖业作价均按原契,“一卖百了”。例如,康熙十一年(1672年)的《从将侗族高增款碑》记载了田土纠纷的处置办法:“议卖田不典(不得赎取),将典作断,一卖百了,止(此)田有粮无粮,无粮之田以后说田有粮,进油锅(通过捞油锅这种神判来裁决。——作者注)为止。”③

---

① 杨一凡、田涛主编:《中国珍稀法律典籍续编》(第十册),黑龙江人民出版社2002年版,第253页。

② 杨一凡、田涛主编:《中国珍稀法律典籍续编》(第十册),黑龙江人民出版社2002年版,第281页。

③ 杨一凡、田涛主编:《中国珍稀法律典籍续编》(第十册),黑龙江人民出版社2002年版,第241页。

2. 维护社会治安

传统村规民约通过制定各种禁约维系社会安定，尤以禁偷罚盗、保护农作物生产的规约居多。历代村规民约都将禁偷罚盗列为重点事项，不仅制定了具体的禁止项目，且作出了明确的惩罚措施。例如，道光二十九年(1849 年)的《龙脊乡规碑》对防盗事宜作出了详细合理的规定："值稻梁菽麦黍稷薯芋烟叶瓜菜，以及山上竹木柴笋棕茶桐子家畜等项，乱盗者，拿获交与房族送官究治。……擒拿窃匪，务要赃贼实据，不可以影响疑似之事，妄拿无辜。即幸人赃两获，送官究治。"①咸丰八年(1858 年)的《石板哨十寨乡禁碑》对偷盗行为作出更为严厉的惩治性规定："一议：贼入境盗窃家财、六畜等，不光齐集本寨，鸣锣吹角，分路追赶，邻寨闻声，各守要路，拿获送交县官究治。一议：盗窃五谷、竹木，拿获交集本团甲长分议，除赔还外，再诉□罚。"②针对六畜践踏农作物的行为，道光八年(1828 年)的《大梧村孙主堂断祠记》规定："村内各家收养六畜，自行照看检管，不得任其践踏毁坏(庄稼)，如被六畜伤残，原主即禀甲长点验，去一赔二，而村内亦不得藉事生枝，如有行赶人六畜入田地，藉甲款勒罚，查知论反坐罪，送官究治。"③

3. 淳化社会风气

传统村规民约以敦风化俗为使命，以儒家伦理道德为核心约束社会行为，约文包括劝善性条款和惩戒性规约。例如，道光十七年(1837 年)的《长新乡乡规民约碑》发凡起例，明确规定："从来朝廷之立法，所以惩不善而警无良，乡之议规，正以从古风而敦习尚，非互结相联而启讦弊之路也。"同时制定了禁止性规约："乡间子弟，父兄各宜严禁非为，以归正路，

---

① 杨一凡、田涛主编:《中国珍稀法律典籍续编》(第十册)，黑龙江人民出版社 2002 年版，第 253 页。

② 杨一凡、田涛主编:《中国珍稀法律典籍续编》(第十册)，黑龙江人民出版社 2002 年版，第 284 页。

③ 杨一凡、田涛主编:《中国珍稀法律典籍续编》(第十册)，黑龙江人民出版社 2002 年版，第 253 页。

如不严禁,罪归父兄。……左邻右舍不得藉事生端,不和不睦。……乡间不分老幼,各宜安分,不得恃勇逞强,些些小事服毒吊筋吓人。"[①]咸丰五年(1855年)的《有食上村村规民约碑》介绍遵制守常的目的在于"还醇返朴,孝友维风,和气致祥",合村人应遵循"一敦人伦。人生之百行,以孝弟为先。倘子弟有负性愚顽,入不孝,出不弟者,必究。一勤本业。语云:一家之计在于勤。倘子弟有游手好闲,以致田园荒芜,不顾父母之养者,必究。一正风俗。凡乡村之中,风俗不正,的系祸患关头。倘子弟有勾结外匪,窝赌窝盗,引诱良家子弟者,必究"。[②] 赌博因其与民众"士农工商各勤本业"的观念相违背,而被乡民断定为失业破家之缘由,为乡民深恶痛绝。乾隆四十二年(1777年)的《黔西四楞碑规约》阐明赌博的危害,劝诫乡民远离赌博,规定:"禁赌博。尝闻娼盗出于赌博,古今深可痛恨。而好之者彼谓逢场作戏,久之同党昭明,求赢反输,终有不可胜言。于是而寡廉鲜耻,荡产倾家,虽华屋粮油,皆无足惜,嗟嗟!"[③]

4. 保护公益事项

传统村规民约以维护共同利益为出发点,倡导乡民积极参与公益事项。例如,康熙五十二年(1713年)泉州府晋江县所立的《泉州文庙洙泗桥示禁碑》对于保护庙宇规定:"不许附近居民仍前跨沟占筑。敢有故违,许诸邑人等会同该约保,指明闻官究治。"[④]树林上可资国赋,下可养民生,少数民族的村规民约多以保护山林水源为主。布依族认为大树中有"神灵","栽蓄树木以培风水,光前代而裕后人"。光绪三十四年(1908年)的《贞丰必克布依族众议坟山禁砍树木碑》规定重究砍伐林木者:"历来名

① 杨一凡、田涛主编:《中国珍稀法律典籍续编》(第十册),黑龙江人民出版社2002年版,第258页。

② 杨一凡、田涛主编:《中国珍稀法律典籍续编》(第十册),黑龙江人民出版社2002年版,第281页。

③ 杨一凡、田涛主编:《中国珍稀法律典籍续编》(第十册),黑龙江人民出版社2002年版,第318页。

④ 常振满、[美]丁荷生编纂:《福建宗教碑铭汇编·泉州府分册》(上),福建人民出版社2003年版,第235页。

山，以树椁为尊，平阳以阴林为重。况坟山所以培植阴阳之美，可不众验之哉！故戎瓦坟山，积树以培风水，戎赖岗林止伐，以补后龙。不惟先人佩德，且后裔沾恩。公同议禁，一概勿许砍伐，倘有亲疏冒昧，不遵禁约，横行估砍，一经查觉，即赴伸鸣族长，公□向令，责罚莫谢。倘敢辞傲，即行重究，谨此示闻。"[①]1919 年的《某寨护林公约》赏罚分明，不仅对毁坏林木者罚钱，还提倡见义勇为，对积极举报者赏钱，具体内容为："公同议决，盖闻古辈先人以森林□□为重，公同禁止，无论老少何人，砍着每株定罚铜钱二十四千，肉二十四斤，酒米包吃。毒河水放火者，照砍树同列。查着来报者，赏红钱一千二百文。"[②]

三、村规民约从传统到现代

现代社会经受着前所未有的大变局，乡村的组织架构、权力结构和观念形态随之更迭，村规民约作为乡民生活经验的历史积淀，亦随着社会基础结构的变迁而新陈代谢，实现了从传统到现代的转型重塑。

（一）村规民约从传统到现代蜕变的历史必然性

历史常因突如其来的事变而发生断裂或者转向，村规民约在近代曾被弃置一旁，看似销声匿迹，实则成为被遮蔽的真实。传统孕育着未来，村规民约作为基层社会治理的范本，面对农村双重法律秩序建构和现代农村治理体系建立健全的要求，必然重返历史舞台。

礼治是传统社会的秩序维持系统，古代律法与道德教化相混同，德治与法治相结合；村规民约是传统社会基层治理的重要工具，是村民自治的重要依托。中国传统社会的基层治理模式耦合了今天"法治、德治、自治相结合"的乡村治理体系。其一，在传统社会中，中央权力对于处在国家

① 杨一凡、田涛主编：《中国珍稀法律典籍续编》（第十册），黑龙江人民出版社 2002 年版，第 326～327 页。

② 杨一凡、田涛主编：《中国珍稀法律典籍续编》（第十册），黑龙江人民出版社 2002 年版，第 328 页。

政权边缘地带的农村影响有限。基层治理更为依赖地缘性的乡村自治，传统基层社会中自生的自治体系是今天村民自治的雏形，传统村规民约的契约性耦合了村民自治的本质。今天的村民自治是农村基层人民群众自治，是一种民主化的村级治理制度。其二，传统基层社会依规治村，与官方律法并行不悖。现代村规民约是乡村法治的辅助工具，在符合国家法律法规和政策要求的基础上架起法律政策与村域实际情况衔接的桥梁，"化法为规"，将国家法律细化为具体的实施细则，开辟了依法治村的隐形路径。其三，道德是传统社会中衡量一切的最高标准，中国传统文化呈现泛道德化，中华法系具有"法律与道德相混成"的特征。村规民约作为基层社会治理的制度遗产，必然体现出以义务、奉献为本位的道德中心倾向，传统社会依靠道德教化来维护基层秩序井然。现代村规民约延承传统村规民约，在承袭传统村规民约"以德治村"精神内核的基础上融入社会主义道德观念，拓宽了现代村规民约以德治村的范畴。现代基层社会"三治"相结合的乡村治理体系的建构为村规民约的再次兴盛提供了理论依托，亦为实现乡村善治提供了理路方向。

（二）现代村规民约的内涵及特征

在实施乡村振兴战略和打造社会治理共同体的背景下，学界掀起研究村规民约的浪潮，从不同角度对其进行了深入细致的探讨。从法理学的角度切入，有学者主张村规民约是群众进行自我教育的公共性的生活行为规范，不属于社会主义法的范畴。① 从法社会学的视角审视，高其才认为村规民约是乡间民众为了办理公共事务和公益事业、维护社会治安、调节民间纠纷、保障村民利益、实现村民自治，共同商定修改且共同遵循的社会行为规范体系。② 从法律文化的视角分析，相较于国家法律，在基层农村最具有正式意义的行为规范是村规民约。从政治学的视野考察，

① 孙国华：《法学理论基础》，中国人民大学出版社1992年版，第291页。

② 高其才：《通过村规民约的乡村社会治理：当代锦屏苗侗地区村规民约功能研究》，湘潭出版社2018年版，第1页。

村规民约是最基础的基层民主制度，是村民自治的切实依据。据此，现代村规民约承继了传统村规民约自治的灵魂，发扬了“契约性”的民主机制，凸显了社会主义法治的精神内核。

基于法律多元主义，现代村规民约是指在社会主义法治精神的指引下，按照法定程序，全体村民经由村民会议共同商定、共同遵守的法治化行为规范。村规民约、乡规民约不得违反国家法律，同时也应尊重当地的村风民俗，不能完全脱离既有的习惯法存在。现代村规民约坚持公开透明的原则，采取村民喜闻乐见的形式，在2/3以上的村民代表同意后向村民汇报且听取村民意见的基础上，充分尊重当地的村风民俗，有甄别地延承当地习惯。现代村规民约具有典型的“地域性”“规范性”色彩。现代村规民约是特定村庄的居民在长期日常生活中积淀而成的行为规则，相较于国家制定法的普遍性和统一性，其具有分散性和自主性的特征。不同地域、不同村庄、不同人群沿用不同的村规民约，其效力仅及于特定的农村场域或民众，一旦超出特定范围便丧失法律效力。现代村规民约是自治性的法治化行为规范，从文本格式看，“使用规范化语言、规范化格式，逐渐由零散到综合、由专项到典章，体例、结构和内容更加完备，体现出形式理性倾向”。[①] 村规民约从传统到现代的迈进，反映中国农村社会变迁，是探索新农村建设的一次大胆探索与尝试。

（三）村规民约从传统到现代转型的时代性嬗变

村规民约的时代性嬗变是指依据时代变化的要求，现代村规民约对传统村规民约进行选择性承继与应时性创新，延续古老中国治村的法统，扩展村规民约的内容，创新其形式，提升其社会作用，实现现代性转换。从传统走向现代的村规民约，是不同发展阶段的不同表现形式，具有内容方面的延续性与形式上的一致性。其一，村规民约的精神实质得到深度

① 陈永蓉、李江红：《乡村振兴战略背景下村规民约建设路径研究》，武汉大学出版社2019年版，第53页。

揭示。村规民约从产生之初即是村民集体意思的表达,具有"自主、自立、自治"的特点,具备适应本村域需要反映民意的民主机制。传统村规民约源于乡民的日常生活需要,符合群体生存的文化模式,是乡民自发生成、共同决定、集体遵循的规则模式。现代村规民约延承传统村规民约的内在民主机理,由村民"集体讨论、共同决定"。其二,村规民约的内在治理势能得到深入挖掘。法律的最高境界是内化,即升华为民众的一种内心价值追求。乡土社会中的广袤农村能够依赖于一套自行订立的村规民约实现有效治理,深度剖析,其原因在于村民对农村场域自生自发的秩序有着较高的认同感和遵守的自觉性强。现代村规民约充分尊重民权,在制定过程中激发村民的主人翁意识和自治意识,在执行过程中强化村民的自觉性。其三,村规民约的道德教化得到承继创新。"为国以礼"虽已距今久远,但礼治、德治的认同感早已悄然渗透到基层治理中,承传发扬道德教化的功用对于今天和谐社会的构建大有裨益。

现代村规民约脱胎于传统村规民约,在其基础上衍生出新的时代特征,是区别于传统村规民约的新型规约。相较于传统村规民约,现代村规民约产生所基于的社会结构、社会性质和法律秩序都发生了变化。其一,社会结构发生剧变。传统社会中的县级区域是国家权力的神经末梢,县级以上区域依靠国家正统律法实现社会控制,农村区域依靠村规民约等非正式制度实现村民自治,形成一个"超稳定系统"。改革开放以来,国家权力下沉至乡镇一级,传统社会的静态格局被打破,村落的边界日渐模糊,乡土社会悄然经历裂变与新生。其二,社会性质出现转变。传统社会是以自然经济为基础的农业文明社会,"带不走的土地"和自给自足的生活方式使乡民的生活环境呈现固定封闭的样态,熟人社会的内聚性村落弥漫着热辣辣的乡土气息。现代社会是以市场经济为基础的工业文明社会,村民挣脱了土地和村庄的束缚,从旧有的社会性羁绊中"脱嵌"出来,与外部世界建立了广阔的联系,流动性大大增强,熟人社会逐渐陌生化和疏离化,同质性被异质性代替,乡土中国呈现后乡土性特征。[①] 其三,法律秩序发生变迁。中国传统伦理性社会的法律秩序是礼治秩序,依靠人们内心认同的传统观念或习俗来保证。清末"变法修律",大陆法系、英美法系、苏联的法律制度相继传入中国并影响着本土的中华法系,加之传统社会规范体系的赓续和裂变,中国法律秩序呈现出多元混合的特征。现代村规民约根植于传统社会,成长于法理性社会,既非传统礼治秩序的规则文本,亦非对西方法治秩序的全盘移植,是传统与现代相结合的秩序规范,本质是民众自觉理性选择的结果,是现代法治社会的基层治理文本。

四、传统村规民约对今天村治的镜鉴

传统村规民约是古代村治的灵魂,蕴含乡民的行动逻辑和实践理性,是乡民遵行不替的行为准则。广大农村是国家现代化治理中的薄弱环节,今天村治作为一项系统性工程,应当汲取传统村规民约的养分,建构糅合多种范式的自治文本,充分发挥乡贤的引领作用,重视国家法律与村规民约的契合与互动,打造农村治理共同体。

(一)建构糅合多种范式的自治文本

盘活民间文化资源,重视传统制度遗产,以典型性村规民约为样板,结合村域实际融入个性化内容,打造特色鲜明的现代村规民约,为今天村治注入传统基因。但事实证明,许多村庄对"村规民约"的理解出现偏差,致使其失去现实意义。行政机关将"村规民约"的制定视为一种任务,"在村规民约制定过程中,或是过度参与,或是重视不足,最终造成村规民约的内容或是以村民义务为中心,沦为行政意志的表达;或是千篇一律流于形式"[②]。乡村是中国传统文化的基本载体,道德、宗教、禁忌、崇拜及家法

---

① 陈永蓉、李江红:《乡村振兴战略背景下村规民约建设路径研究》,武汉大学出版社2019年版,第55页。

② 冯兴涛:《论"村规民约"建设与乡村振兴战略中"治理有效"的实现——基于浙江黄岩的具体实践》,载《创造》2020年第3期。

族规等多种规范形式并用,构成特定村域的治理模式:道德是传统村落存续的隐性支撑;宗教、禁忌、崇拜归属于民间信仰体系,在心理层面上塑造着乡村的社会秩序;家法族规是以血缘和亲缘关系为纽带的自律性规范。规范是秩序形成的前提,今天面对农村实现高效能治理的时代要求,应当挖掘传统文化的存量,积极收集散落于民间的规范,在充分进行农村社会调查的基础上加以甄别,坚持因地制宜的实践原则,汲取可资借鉴的积极规范,摒弃不合时宜的消极规范,将其以文字的形式固定下来,使隐性的、潜在的的观念衍生为文本化、制度化的文本范式,同时,借鉴实践经验,在农村现有村规民约的基础上准确吸纳审查意见,修改完善村规民约,以实现乡村善治。

(二)充分发挥乡贤的引领作用

乡贤在村落内部拥有"准公权",传统村落在乡贤的治理下秩序井然,作为民众代表,乡贤将村落的社会问题和百姓的利益诉求传递给政府,充当官府和百姓之间的桥梁。回溯村规民约的演进历程,乡贤一直是村治的灵魂人物,乡贤治村是中国基层治理的文化基因。现代村庄呈现"边缘化"和"原子化"的特征,村庄的"内聚力"和"整合力"逐渐丧失,传统乡贤的"准公权"亦面临崩解。从现代社会组织的视角考察,实现"治理有效"需要规则化文本的制度保障,亦需内生乡贤的组织引领。基层治理是国家治理的基石,需要发挥新乡贤的组织引领作用,凝聚散落的村民力量,挖掘农村的内生发展能力,探求更为有效的村治模式,为乡村善治提供内源动力。国人追根溯源的人文情怀和乡土情结历久弥深,内心存有"反哺桑梓、回馈家乡"的深沉愿望,可以以乡愁乡情为纽带,引导新乡贤回流。具体可通过本土人才回引、院校定向培养、县乡统筹招聘等渠道吸引新乡贤回归,但只有留得住新乡贤才能破解农村凋敝的现实问题。为此,党委、政府应结合村域实际为新乡贤创业提供环境空间和资金支持,建立新乡贤参与村治的激励保障机制,为新乡贤有序参与村治创造条件,同时加强党的领导,做到新乡贤"补缺位不越位"。

（三）重视国家法律与村规民约的契合与互动

“官有正典，民从私契”，传统村规民约因其强大的内在道德约束力成为乡土农村运行的法律机制。改革开放以来，传统礼治秩序衰落，国家法律在基层运转效率有待提升，重视国家法律与村规民约的契合与互动成为跳出乡村治理内卷化的良策。从发生学、运行效果和治理成本三重维度剖析国家法律与村规民约的关系，再完备无遗的法律也不可能事无巨细地网罗一切社会关系，亦不可能预测社会生活中的一切事项，村规民约作为地方性知识载体，恰好能够发挥补充功能，弥补国家法律的逻辑缺陷。针对农村改革过程中出现的宅基地、承包地、拆迁补偿款等问题，当按照村规民约作出的裁决与正式法律不相抵触时，应当承认其法律效力；国家法律是社会行为规范的兜底机制，但存在一定的滞后性，对违法违规行为具有强大的制裁能力，处理日常生活中的违德行为时则捉襟见肘。传统村规民约实质上是对伦理道德的贯彻和体现，伦理道德常常被直接赋予法律效力，形成“法律伦理化和伦理法律化的双向强化运动”①。如今村治应注重村规民约的道德濡化功用，在家庭伦理、邻里关系及社会公德方面辅助法律治理社会，为基层社会的有序运转提供隐性保障。此外，传统中国有尊重民间惯例、协调而非对抗的精神，直至近代才发生了较大变化。传统社会中村规民约与官方法律共同构成国家治理体系，政府通过村规民约实现了基层社会的低成本治理。村规民约与国家法律在社会价值方面具有同质性，即追求社会的有序和谐，二者只是侧重点有所不同，国家法律强调明辨是非曲直，村规民约则关注民众之间的和谐相处。

结　语

乡村是具有自然、社会、经济特征的地域综合体，兼具生产、生活、生态、文化等多重功能，与城镇互促互进、共生共存，共同构成人类活动的主

① 罗冠男：《中国传统社会基层治理的法律机制与经验》，载《政法论坛》2021 年第 2 期。

要空间。村规民约是传统基层社会运行的法律机制,历代各朝希冀通过道德教化达到“无讼”的价值追求,今天国家大力倡行村规民约以期维持基层秩序,二者不谋而合。村规民约从传统蜕变到现代,糅合了传统文化和现代文明,既符合国家法律的要求,又尊重农民的生活模式和乡土逻辑,构建以村规民约为自治文本的现代乡村治理体系,打造移植秩序与内生秩序共建、“刚性规范”与“柔性线条”共治、治理成果由乡民共享的乡村治理共同体,对今天的村治现代化大有裨益。

乡村振兴视角下村规民约的效果及完善研究*

王世强**

摘　要：村规民约，是指一定地域范围的村民为了规范村民行为、维护秩序、发展生产和道德教化，根据本村实际需求，由村民共同商议制定的，倡导所有村民共同遵守的区域性规则体系。本文基于对我国6个省份的30个乡村的村规民约典型案例的实证分析，分析了村规民约的概念与内涵，村规民约实施的历史、政策背景与基本特点，从自治、法治和文化的角度，具体分析当前村规民约实施的效果与存在问题。针对村规民约实施中存在的问题，应充分认识村规民约的功能定位和重要意义，保障村民自治组织及村民在村规民约制定中的民主权利，加强对村规民约的监督指导和合法性审查，突出村规民约的文化内涵和地域特色。

关键词：乡村振兴；村规民约；社会治理；完善

引　言

农业、农村和农民是国家可持续发展的根本基础，"三农"问题是关系我国国计民生的重要问题。我国是农村人口大国，在城镇化的推动下，我

* 2020年度中国农业农村法治研究会课题"乡村振兴视角下村规民约的效果及完善研究"研究成果。

** 王世强，首都经济贸易大学城市经济与公共管理学院副教授，硕士生导师。

国社会经济实现了快速发展,但农村的发展仍然相对滞后,成为我国现代化建设和全面实现小康社会进程中的薄弱环节。不断深化的市场经济改革促使乡村社会进入加速转型期,乡村的社会结构正在发生巨大变化。为了实现国家治理现代化的目标,迫切需要改善农村社会治理方式,通过制度创新保持乡村社会稳定发展。

在社会转型的背景下,农村社会治理体制创新是社会转型的必然要求,是整个社会治理创新的重点,是解决“三农”问题的关键。[①] 完善村规民约制度是我国深化乡村治理、推进乡村振兴的重要举措。2005 年全面启动的“社会主义新农村建设”为村规民约在乡村治理中发挥更大作用提供了契机。为实现农村与城市的均等化发展,党的十九大提出“实施乡村振兴战略”,向农村投入更多经济和社会资源。乡村振兴战略是决胜全面建成小康社会的重大使命,也是新时代解决“三农”问题的可行路径。实现农村社会治理现代化是乡村振兴战略的必然要求,党的十九届四中全会提出构建基层社会治理新格局。在农村社会建设的探索中,村规民约作为一种内生治理方式,成为推进农村治理现代化的可行之路。

本文以案例法为主要研究方法,以制定了村规民约的乡村为调研对象,采取滚雪球抽样方式,选取北京、山东、河北、河南、湖北、江西 6 个省市的 30 个乡村作为调查样本。

一、概念界定与内涵分析

村规民约,是指一定地域范围的村民为了规范村民行为、维护秩序、发展生产和道德教化,根据本村实际需求,由村民共同商议制定的,倡导所有村民共同遵守的区域性规则体系。在广义上,由村级组织、村民自行决定设立和共同遵守的规则都可以视为村规民约。村规民约以国家政策法规、乡村共同价值观、常理和常情为基础,以促进村民自治为动力,以道

① 曲延春:《社会转型与农村社会治理体制创新》,载《农村经济》2014 年第 8 期。

德自律为支撑，其内容主要涉及乡村政治生活、社会秩序、道德观念、行为习惯、经济发展、生态环境和基础设施建设等。

村规民约是国家法律认可的民间自治规范，是我国民间法的重要组成部分。在民间社会中真正得到有效执行的法律，大多是那些与习惯、惯例相类似或相近的有关规约。[①] 村规民约的制定主体“村民委员会”不是政府，它是基层群众自治组织，这就决定其订立的规则是“民间法”。关注“民间法”，坚持法律的多元主义，有助于我们突破将国家法律是唯一的、排他的社会规范的局限。[②] 一方面，“国家法”在道德伦理领域的缺位给了村规民约发挥作用的空间，“国家法”在农村基层社会中发挥作用的机会和频率较为有限，具有民间认同一致性的村规民约有更为广泛的群众基础和适用空间。另一方面，村规民约作为“民间法”，与“国家法”的原则和精神相契合，且民间法具有简便、灵活和高效的特点。“国家法”的最初雏形就是村规民约，实践成熟的村规民约条款可以被吸纳进“国家法”，成为“国家法”的来源。国家秩序体系有“宣教、裁判、惩治”三个职能，用以维护有序的社会交往规则，“国家法”和“民间法”共同实现这三个职能，村规民约作为“民间法”主要发挥的是宣教职能。

乡村振兴是包括构建现代化经济体系、推进农村生态文明建设、推动传统文化传承、建立现代治理格局和实现共同富裕在内的全面振兴。要实现乡村振兴，就必须在农村建立现代化的社会治理制度框架和政策体系。乡村治理是社会治理体系的重要组成部分，由于我国农业人口在总人口中的比例较高，乡村治理的能力水平决定了整个国家的治理效果。在乡村振兴的新形势下，我国要实现基层社会治理的稳定与发展，应积极发挥村规民约在倡导公序良俗、调节矛盾纠纷、促进社会和谐等方面的重要作用，从而促进村民的自我管理、自我教育、自我服务和自我约束。

---

① 苏力：《变法：法治建设及其本土资源》，载《中外法学》1995 年第 5 期。

② 田成有：《乡土社会中的民间法》，法律出版社 2005 年版，第 13 页。

二、村规民约实施的历史和政策背景

从历史上看,村规民约是富有中国文化特色的乡村自治制度。我国村规民约的历史源远流长,村规民约的雏形可以追溯到春秋战国时期。村规民约正式发端于北宋时期,兴盛于明清时期,中华人民共和国成立后几乎失去生存空间,改革开放后它重新得到了重视。基于不同的社会结构和政治制度,相对于历史上的传统村规民约,当代的村规民约已发生根本性改变。村规民约在不同的历史时期发挥的作用不尽相同,这取决于国家与社会的关系状况以及国家给予农村社会的自治空间大小。

传统的中国社会以分散的小农经济为基础,这决定了国家政权无法对广大乡村进行直接的严密管控。乡村社会在一定程度上是独立于国家政权存在的,皇权和乡村有各自的运行逻辑,“国权不下县,县下惟宗族”是古代社会的治理之道。除了赋税和徭役外,国家政权不干预乡村的具体事务管理,而是依赖士绅、宗族首领和地主等势力对乡村进行管理。亲族聚居、族群固化和宗族观念是宗族势力在古代乡村产生强大影响力的基础。乡村精英虽无来自国家政权的正式任命,但能凭借自身在地位、身份、财富、学识等方面的优势治理乡村,对乡村管理制度产生了必然需求,村规民约(古称“乡约”)作为乡村社会的内生制度得以产生。

村规民约在内容上脱胎于家规族训,乡村中势力最大家族的家规族训往往转化为该区域的村规民约。在中国传统农耕文明的家族观念下,人际信任关系被局限在相对狭隘的家族亲友范围内。家族内部与外部有着明确的权利边界划分,福利服务的提供和分享被限定在家族成员之间。这虽然密切了家族成员的内部关系,同时也强化了服务与付出。建立在宗法和血缘关系基础上的家规族训有着鲜明的宗族统治色彩,村规民约的出现则实现了从狭隘主义到社会信任的历史跨越。社会信任是在时间推移下个体之间因互相熟悉而形成的社会属性,个体之间由于相互熟悉而参与了合理的和可预测的广义互惠关系。正是由于信任关系的发展触及了在各种正式和非正式环境中的广泛社会参与，从而使家规族训过渡到了作为社会共同体规范的村规民约。

北宋理学家吕大钧于神宗熙宁九年（1076年）制定的《吕氏乡约》是我国最早的成文村规民约，该村规民约在陕西蓝田局部地区实施，以"德业相劝、过失相规、礼俗相交、患难相恤"的治理思想为核心，包括道德、惩戒、礼仪和互助等方面内容。《吕氏乡约》超越了家规族训所确定的以家族与宗族为单位的血缘界限，它首次尝试以地缘为基础，用一种理想化的方式把儒家仁义思想应用到乡村公共生活中并指导村民行为。《吕氏乡约》是在士绅领导下，由村民自己主持、自愿加入、民主选举、集体议事，以实现村民互助等，其所体现的民本建设社会秩序的思路开创了我国乡村治理的先河。明清时期，村规民约被皇权所改造、利用和推广，成为国家政权治理农村社会的主要工具之一。村规民约与保甲、社仓、社学等联系在一起，对基层社会运行发生过重要作用。①

改革开放后，村规民约随着村民自治的制度化和规范化而重获新生。1988年开始试行的《村民委员会组织法（试行）》（已失效）建立了完善的村民自治制度，明确提出加强对村规民约的规范管理，规定了村规民约的制定程序、效力范围、备案办法、监督执行，明确了村规民约决定的事项必须合法合规。1998年修订的《村民委员会组织法》第20条第2款增加了村规民约"不得有侵犯村民的人身权利、民主权利和合法财产权利"的规定。2010年修订的《村民委员会组织法》明确要求村委会及其成员应当遵守村规民约的规定，规定村规民约如果出现违法违规内容的，由乡、民族乡、镇的人民政府责令改正。2018年修正的《村民委员会组织法》未对相关内容进行修改。

党和政府将村规民约视为加强农村社会治理和完善农村法治体系的

① 陈学金：《历史视野中的当代村规民约与农村社区治理》，载《原生态民族文化学刊》2019年第2期。

重要支撑。党的十八届四中全会审议通过的《中共中央关于全面推进依法治国若干重大问题的决定》要求发挥市民公约、乡规民约在社会治理中的积极作用,提出强化道德对法治文化的支撑作用。党的十九大报告《决胜全面建成小康社会 夺取新时代中国特色社会主义伟大胜利》提出健全自治、法治、德治相结合的乡村治理体系,这就要求发挥村规民约在“三治融合”中的作用。2018 年 12 月,《民政部 中央组织部 中央政法委 中央文明办 司法部 农业农村部 全国妇联关于做好村规民约和居民公约工作的指导意见》全面规定了村规民约的主要内容、制定程序、监督落实和组织领导,成为当前村规民约工作的开展指引。从上述文件可以看出,国家对村规民约的重视程度在不断提升,村规民约在农村社会治理中发挥的作用不断增强。

三、村规民约制定与实施的基本特点

(一)村规民约随着村委会的换届而制定,定期进行修订

调研结果显示,村规民约通常是在村委会换届时制定的,相当于新一届村领导班子的治村方略。L 镇的村规民约在建镇之初就存在,每当村委会换届的时候,镇政府统一组织各村重新制定村规民约,然后由各村对新拟定的村规民约进行表决通过。在平时,村委会根据政策发展和社会需求对村规民约进行修订,使其能够反映国家及区域的政策变化,如前几年的“美丽乡村建设”“新农村建设”,以及近年的“垃圾分类”。Z 村、H 村每年都对村规民约进行修订。2020 年,C 村在村规民约中增加了有关垃圾分类以及“文明银行”奖惩机制的规定。

(二)乡村享有制定村规民约的自主权,由乡镇政府进行规范指导

村规民约作为实现村民自治的一种具体形式,调研结果显示,乡村在相当程度上享有村规民约制定的自主权。乡镇政府行使对村规民约的指导权和监督权,对村规民约的形式和内容不做统一限定,乡村的自由发挥空间较大,存在章节式、手册式和诗歌式等各种形式的村规民约。乡镇政

府会对一些必须修改的内容提出指导意见，比如，W 村制定了比较笼统的顺口溜式村规民约，由于未包含疫情防控、垃圾分类和奖惩制度等重要内容，D 镇政府要求该村重新制定村规民约。由于有政府的把关，村规民约的质量普遍有所提升，语言表述越来越严谨和规范。《民政部　中央组织部　中央政法委　中央文明办　司法部　农业农村部　全国妇联关于做好村规民约和居民公约工作的指导意见》出台后，各地政府普遍要求乡村要制定村规民约，乡镇政府负责对村规民约进行审核和备案。根据规定，乡镇的党委组织部门、民政部门、司法部门等应当形成合力推动的局面。调研结果显示，在一些乡镇，只有党委组织部门或民政部门参与村规民约工作，其他部门没有参与进来，例如，D 镇从 2019 年开始由镇政府民政科负责村规民约工作。

（三）配合积分制和回馈制推进实施，通过民间组织进行管理指导

一些乡村通过积分制和回馈制促进村规民约的实施，取得了良好的效果。L 镇在 2018 年设立了“文明银行”项目，该项目制定了积分标准和积分准则，由街巷长担任积分主管，负责监督执行和记录积分。Q 村的村规民约奖惩措施与“文明银行”项目积分相结合，落实文明习俗相关规定的村民可以增加“文明银行”积分，违反相关规定的则会被扣除一定积分。村民积攒的“文明积分”可以兑换书画班、舞蹈班等辅导班的参与资格，而村民参与辅导班又能促进乡村精神文明建设，潜移默化地使文明成为村民的习惯。根据 Q 村的规定，乱扔乱倒垃圾、乱堆乱放杂物者将被扣除“文明银行”环境卫生项半年积分。农村民间组织成为支持村规民约执行的重要力量，同时，村规民约的有效执行也为民间组织的健康发展提供了有力的推动。L 村成立了“红白理事会”，平时开展政策宣传，做好群众思想的疏导工作，有效发挥了对农村移风易俗和红事新办的引导作用。

四、村规民约实施的效果与现存问题

(一)自治角度的分析

1. 成效

通过制定和实施村规民约,村民对集体行动的回应性得到了提高,乡村的自治水平得到了提升。

第一,村规民约成为乡村贯彻党和国家方针政策的重要工具,促进了村委会自治工作的开展。村规民约夯实了党在农村的执政基础,促使基层更好地贯彻执行党的各项方针政策。村规民约实施之后,成为村委会开展自治工作的主要依据,乡村的各项工作有章可循。L村村委会主任向笔者讲道:"如果没有这些条条框框的话,我们怎么和村民谈呀?"村规民约通过契约、规劝和激励的方式,完善了农村基层社会的治理方式,增强了基层组织的工作力度,提高了村委会的工作效率。

第二,村规民约有效地规范了村民行为,村民遵守规则的意识不断增强。在村规民约的长期作用下,村民的契约意识和法治意识不断增强,基本能够自觉遵守村规民约。村规民约的持续宣传对村民产生了教化作用,C村反馈:"我们的村规民约宣传比较到位,加上镇政府的支持力度很大,现在丧事都简办了,村里几乎没有大操大办的,大家都很理解,村民的规矩意识比以前强多了,基本没有胡搅蛮缠的。"村规民约的奖惩机制对村民产生了约束力,在Z村,"以前村民盖房、拆房的废料就在街上堆着,如果现在还是这么做的话,按照村规民约就得扣钱了,所以他必须得给清理了"。由于村规民约是村民直接参与制定的,所以村民愿意自发地执行。C村村民委员会主任认为"老百姓要是参与了和知道了的话,他就不会违反这些规定"。对租户和外来人口行为的规范是村规民约实施中的难点,C村村委会要求户主协助对租户进行督促,并对外来人口一视同仁地进行罚款。

第三,村规民约改善了村干部的工作作风,净化了农村的社会风气。

实行村务公开和促进干部廉洁自律是村规民约的重要内容,村干部带头实施村规民约后,能够以身作则和自觉接受广大群众监督,工作作风和服务意识得以明显改善。村规民约营造了和谐友善的邻里关系,促进了村民文明生活习惯的养成。通过对某些乡村的调研发现,村民们能够孝敬父母、诚实守信、文明守礼,改变了传统的殡葬陋习以及红白事大操大办的风气,乡村内部形成了积极向上的社会氛围。

2. 经验

村规民约制度的执行需要政府支持、村级组织执行和村民认可三方面同时具备,否则难以发挥促进乡村自治的效果。调研过程中发现,各地在发挥村规民约对乡村自治的促进作用中积累了一些成功经验。

第一,地方政府进行统筹规划、提供保障支持,重视实现村规民约的实效。北京市某区村规民约的实施情况较为理想,这与该区政府对村规民约实施的支持力度较大有关:制定了总体实施方案,实施区、镇街、村(居)三级联动,明确了村规民约制定的“三下三上”工作流程、执行机制和保障措施。村级组织切实推行村规民约,把村规民约作为治村的重要依据,而不是为了应付上级检查,“挂在墙上做样子”。为了落实好村规民约,一些乡村制定措施,采用群众自我监督和公共舆论监督相结合的方式开展村民之间的互相监督。H村在辖区内实施网格化管理,由干部、党员和村民代表担任负责人,逐条逐项落实村规民约,并通过按月检查的方式提高居民落实村规民约的积极性。村级组织掌控资源的多寡影响了村规民约的实施效果,这些资源包括政治资源、经济资源和文化资源。有些乡村负责人能够申请到上级政府的项目资金,有些乡村有实力雄厚的企业,使村级组织在推动村规民约的过程中更有底气。

第二,充分发挥基层党组织和党员的引领作用。坚持党建以引领村规民约的制定和实施,要求党组织和党员在落实村规民约中作出表率。某村将村规民约的落实与基层党建相结合,注重发挥基层党组织引领及党员的示范引领作用,有效地促进了村规民约顺利实施。

第三,按照规定的步骤推进村规民约制定,建立征求意见和民主协商机制。《民政部　中央组织部　中央政法委　中央文明办　司法部　农业农村部　全国妇联关于做好村规民约和居民公约工作的指导意见》提供了村规民约工作的具体推进方法,经调研发现,凡是认真按照文件规定步骤操作的乡村,村规民约的实施都非常有效。北京市某区早在2015年就制定了村规民约的“三下三上”工作流程:“一下”即广泛征求村民意见,进行整理汇总;“一上”即召开村两委联席会议,梳理意见建议,确定主要框架;“二下”即召开党员和村民代表会议进行讨论,征求意见建议后形成初稿;“二上”即将初稿提交乡镇相关职能部门进行政策指导;“三下”即将初稿发放给全体村(居)民再次征求意见建议,进行相应的补充调整,形成审议稿;“三上”即将审议稿报所在乡镇党工委审核把关。最后由村民会议进行表决通过,同时报镇政府备案。

3. 存在问题

部分乡村的村规民约对于推动乡村自治的作用远未达到预期效果,主要原因在于治理环境和治理机制尚未理顺。

第一,缺乏对乡村所面临问题的调研以及征集民意的步骤。村民的广泛参与是村规民约发挥作用的前提条件。当广大村民参与了村规民约的审议表决后,村规民约就成为建立在合意基础上的社会契约,广大村民都更愿意遵守这个规定。部分乡村在制定村规民约前,没有对乡村面临的重要问题进行深入调研,也没有组织广大村民参与解决方案的讨论,导致制定村规民约的问题意识和针对性不足,内容比较空泛,缺乏解决问题的具体措施和明确方案。

第二,对村规民约的宣传不足,村民对村规民约的知晓率低。部分乡村的宣传工作不到位,宣传的途径比较单一,缺乏多样化宣传手段的综合应用,降低了村规民约的影响力。W村的村规民约只在村委会公开栏里公开,没有在户外张贴或给每家每户发放宣传单,受访的村民向笔者反映:“我们没见过村规民约,他们没做过宣传,村规民约发挥的作用不大。”

正是因为宣传不足,影响了村民的规则意识提升,村民的觉悟不到位,村规民约实施的效果不理想。

(二)法治角度的分析

1. 成效

第一,村规民约弥补了国家法律政策的疏漏和不足。国家制度的宏观性、粗略性和不完整性使其不能顾及每个乡村的特殊性,乡村社会在执行国家法律政策的过程中,往往会受到乡村独特社会结构和风土人情的影响,其贯彻执行经常出现水土不服的情况。与此同时,社会转型期国家法治建设的渐进性导致村民的某些失范行为缺乏必要规制。政府在推进乡村法治建设的过程中,使用村规民约来规范村民的行为,在农村生产和生活中发挥了良好效果,有效地弥补了法律在某些方面存在的空白。

第二,村规民约促进了国家法律政策的贯彻实施。村规民约比较贴近特定地区农村的发展实际,凭借公平合理、成本较低和简便易行的优势,在规范村民行为和调节农村社会关系中发挥了重要作用。村规民约与村民的日常行为密切相关,发挥出在规范生活秩序、树立正确价值观和调整伦理道德方面的优势,起到了对村民的引导和约束作用。村规民约通过说服教育的方式减轻了村民的惶恐和不安情绪,比传统行政强制手段更容易让村民接受。在村规民约这种软性手段不奏效之后,再使用强制手段比较符合乡村的实际生态。村规民约以易于村民接受的方式执行,将法律政策转换成了村民可以理解的话语风格,遵从乡村的民间习惯和民族文化,取得了比行政强制更好的效果。

2. 经验

村规民约制度在促进乡村法治建设中发挥了一定的作用,主要体现在明确内容条款、制定奖惩制度等方面。

第一,村规民约的内容条款聚焦于农村法治建设与农村社会管理重要问题。调研中发现,各地村规民约主要聚焦于红白喜事、生态环境整治、建房管理和房屋租赁管理等四个方面。(1)加强对红白喜事的规范管理。某些乡村在红白喜事上大肆操办,铺张浪费现象严重,已经成为村民的沉重负担。在村规民约中规定了喜事简办,不讲奢华,不互攀比,不乱招摇,不搭棚,不放烟花爆竹、礼花弹等,提倡村民举办节俭适度而又不失隆重、富有纪念意义的婚礼。(2)加强对农村生态环境的整治。村规民约重点对农村中的各类私搭乱建、乱堆乱放、乱贴乱画等有损村容村貌行为加以规定。R 村的村规民约规定,修房盖屋余下的垃圾碎片应及时清理,柴草、粪土应定点堆放。(3)加强对村民建房的监督管理。部分村民在建房或翻建房屋时,为了多占宅基地而不断外侵,损害了村民的公共利益。一些村规民约要求建房者提前向村委会缴纳 1000 元至 10,000 元不等的保证金,以确保建设施工符合规定。D 村的村规民约规定施工前建房人和施工方应共同到村委会签订《施工安全协议》,缴纳垃圾清理保证金 10,000 元,未全额缴纳保证金的,不得施工。施工完毕后建房人将全部建筑垃圾自行清理干净,经村委会验收合格后退回保证金。S 村的村规民约还规定了施工期限,要求 60 平方米以上的房屋建房施工期不应超过 6 个月。(4)加强对村民房屋租赁的规范管理。随着城镇化加速推进和流动人口不断增多,房屋出租在郊区农村越来越常见。一些村规民约中规定,房屋出租人与承租人应签订书面合同,出租人应主动向村委会备案出租合同。

第二,明确的奖励制度有利于落实村规民约的各项规定。村规民约的顺利推行与建立明确的奖励机制是分不开的。村规民约只有建立明确的激励机制,同时整合伦理性、物质性的影响机制,才能对村民的行为产生助推力。调研发现,各地村规民约的激励机制有几个方面的特点。(1)以奖励为主、惩罚为辅的规范方式。考虑到合法性、可操作性等因素,村规民约大多是以奖励作为规范村民行为的主要方式,辅以惩罚。也就是说,村民能否获得奖励主要取决于遵守村规民约的情况。(2)资金奖励与精神奖励相结合的奖励方式。资金奖励在村规民约中十分常见,L 村的村规民约规定,遵守婚事从简规定和参加集体婚礼的结婚者可以得到村委会的奖励 1000 元。S 村的村规民约规定,环境卫生达标的家庭每月能得到50元卫生奖金。精神奖励在村规民约中同样不可或缺,H村每年评选文明户,向其颁发“文明之家”“首都文明之星”牌匾。物质奖励力度的大小与村级组织的财力状况相关,但单纯依靠物质奖励并非长久之计,一方面是因为村民并不是发自内心地愿意遵守村规民约,另一方面是因为乡镇政府的这笔拨款不是每年都有。

3. 存在问题

作为国家法律法规的补充,村规民约在农村发挥了社会规范和行为准则的功能,但仍然存在一些问题。

第一,部分村规民约存在订立主体和订立程序不合规的问题。调研中发现的主要问题是:(1)订立程序不完备。《民政部　中央组织部　中央政法委　中央文明办　司法部　农业农村部　全国妇联关于做好村规民约和居民公约工作的指导意见》明确规定村规民约要经过征集民意、拟定草案、提请审核、审议表决和备案公布五个步骤。在拟定草案前必须经过征集民意和组织群众广泛协商的环节,但有些地方政府过多干预村规民约制定,有些村规民约是由村干部自行制定或委托专人制定,议事规则不够完备,缺乏民主协商机制。部分乡村没有将表决通过的村规民约提交政府进行备案,而是直接在村内进行公示和实施。(2)订立主体不合法。根据《村民委员会组织法》以及《民政部　中央组织部　中央政法委　中央文明办　司法部　农业农村部　全国妇联关于做好村规民约和居民公约工作的指导意见》的规定,只有村民会议有权审议通过村规民约,但某些地方是由县政府或乡镇人民政府统一制定并下发给各村,未经民主制定程序;有些地方的村规民约由村“两委”会议或村党支部会议审议通过。

第二,村规民约违规设定处罚事项,存在滥设处罚事项的问题。部分村规民约规定了罚则,但罚则的规定不合法、不合理或比较随意。(1)村规民约无权进行强制处罚。与较少设立罚则的城市居民公约相比,村规民约设定罚则的现象比较普遍,这凸显了村委会的行政化倾向。由于处罚关系公民的人身权和财产权,我国《立法法》和《行政处罚法》对有权实施行政处罚的主体进行了严格限定,村民委员会作为村民自治组织,既非行政机关,也无行政机关的委托或授权,无权对村民进行强制处罚,强制处罚权只能由公权力机关行使。正是因为村规民约设立处罚事项缺乏法律依据,在实践中,绝大多数村委会对违反村规民约中的罚款条款者不是直接罚款,而是对其进行劝导。L 村规定对违反垃圾分类规定,经三次警告仍不改正的罚款 200 元,但至今还没有罚过一例,"一方面是因为村民素质在不断提升,另一方面是如果真罚款的话,村民会不高兴"。农村的村规民约执行带有鲜明的感情色彩,"因为农村是熟人社会、人情社会,我还得带着感情给他指出来"。乡镇职能部门并未禁止村规民约设立罚则,但往往对村规民约规定的罚款额度提出意见,D 镇民政科要求各村"罚款不要太高"。虽然乡镇职能部门对村规民约进行了合法性审核,但这一审核并不能确定其全部条款的合法性,只能根据国家法律法规确定其合法性。(2)将处罚对象违规扩大到违反村规民约者的家庭成员。在部分村规民约中,违反村规民约者不仅本人会受到处罚,其家庭成员也会受到处罚。

第三,部分村规民约中的某些规定侵犯了公民的基本权利。根据《村民委员会组织法》的规定,村规民约及村民会议或者村民代表会议的决定不得与宪法、法律、法规和国家的政策相抵触,不得有侵犯村民的人身权利、民主权利和合法财产权利的内容。作为乡村自治规范的村规民约的定位是对国家法律法规的补充,但由于村民自治与国家治理的内在矛盾性,以及村规民约与国家法在制定主体和追求价值方面的不同,村规民约的某些条款存在与国家法相冲突的问题。某些村规民约对公民基本自由权利的侵犯尤其体现在对摆宴席和红白喜事的管理上。X 村的村规民约规定,办红白喜事只能"三菜一汤",违者处罚"三个 120",即 120 斤猪肉、120 斤大米和 120 斤米酒。摆宴席属于村民的私人生活领域,这种规定侵犯了村民的正当生活权利。此外,某些村规民约规定,妇女不享有宅基地使用权和土地承包经营权,这侵害了农村妇女享有的土地权益。

第四,部分村规民约中的某些条款难以监督。村规民约中的“人格型条款”和“提倡性条款”难以鉴别和执行。(1)村规民约中的条款有“行为型条款”和“人格型条款”,“行为型条款”比较容易识别和监管,如“不乱扔垃圾”。而“人格型条款”涉及对家庭和个人的道德评判,很难客观地进行鉴定和监管。例如,“自尊自爱”涉及一个人的人格、尊严,很难对其进行客观评价,而且进行评价的成本过高。(2)村规民约中的条款还有“提倡性条款”和“规范性条款”,“规范性条款”与国家法律法规的规定重合,如果违背就是违法,如“禁止黄、赌、毒”,这类条款的执行是有法律保障的。而“提倡性条款”则较难监管,例如,“邻里见面主动问好”是规范日常生活的,“问好”能促进社会和谐,但“不问好”并不违法,在实践中也不可能对“问好”进行监督并奖惩。

第五,村规民约对村“两委”工作的规范不够。村规民约既包括“村规”,也包括“民约”,“村规”应该包括对村“两委”工作的规定。现行村规民约主要用于规范村民行为,只有少部分规范了村“两委”工作。C村的村规民约共13条,其中仅有一句是对村党支部和村委会工作的规定,即“党支部、村委会对村民的正确要求和问题要及时调查和解决”。Z村的村规民约规定,村委会需于每年1月24日、7月24日前后定期向全体村民代表汇报工作,接受村民政务、财务监督,听取村民代表意见,遇重大问题须不定期向村民代表大会报告,得到大多数代表的支持与通过后方可执行。

(三)文化角度的分析

1. 成效

在农村利益结构日趋复杂的时代,乡村内部存在秩序失衡和道德失范的风险。村规民约在推动村民自我教育、自我管理和自我约束的同时,以民间德治文化推动乡村治理方式创新。村规民约使中华优秀传统文化得以传承,弘扬孝敬老人、互帮互助、惩恶弘善的文化精神。村规民约能够改变农村社会不良风气,改变婚丧嫁娶中大操大办、铺张浪费等做法,在农村形成健康向上的乡风民俗。村规民约提升了村民的凝聚力,使村民的价值观向国家所倡导的价值观靠拢,提高了村民对团体的认同感和归属感。村规民约明确了村民的权利和义务关系,形成参与乡村治理的文化氛围,促使村民主动参与到乡村公共事务中来。

2. 经验

各地的村规民约在引导村民精神层面提升方面,提升了村规民约的价值文化取向。通过持续性的宣传教育,将村规民约的精神内涵转化为村民的意识修养,变被动执行为主动遵守,逐步培养村民的自主自觉意识。H 村以“幸福好人家、和谐××村”为工作目标,开展了“幸福人家”之和睦团圆、出行安全、礼让友善等系列活动,起到了弘扬传统美德的良好效果。B 村将传统文化元素融入社区治理之中,定期对村民开展有关《弟子规》、《论语》、《三字经》、中华文明故事等的培训活动,发挥了传统文化对村民的教化作用,提高了村民的文化素质。

3. 存在问题

第一,村规民约赖以生存的文化根基发生改变,缺乏文化内涵上的历史传承。随着传统农业生产方式的转型,越来越多的农民不再从事农业生产,乡村从以前同质性较强的“熟人社会”转变为异质性较强的“半熟人社会”或“陌生人社会”。乡村内部的联系逐渐松散,村落共同体文化和乡土文化逐渐衰落,村民公共生活萎缩,内聚性逐渐减弱。广大农村呈现“非组织化”特征,随着利益分化的不断加剧,村民的生存状态变得个体化、分散化,个人与个人之间、个人与组织之间的联系弱化。传统儒家文化的精神内核在农村渐趋消失,村规民约面临着失去赖以生存的文化根基的危险。由于档案资料保管不善,历史上制定的村规民约早已失传,部分村委会甚至不清楚该村在历史上是否存在村规民约。绝大多数村规民约是近十几年来制定的,其中相当一部分村规民约是全新的,这就中断了村规民约发展的历史连续性。例如,W 村在 2016 年制定村规民约时,没有参照任何历史文本,是自行起草的。

第二,村规民约的内容模式化,忽视本地文化特色。中国地域辽阔,不同地区风土人情、文化习俗存在明显差异,在历史上曾经产生了各具特色的村规民约。部分村规民约的内容和条款高度雷同,虽然条理性和规范性有所提升,但失去了原本的乡土特色、地域特色和民族特色。有些村规民约采取顺口溜、打油诗或四字排比句的形式,内容上面面俱到、蜻蜓点水,缺乏对具体规定的陈述。部分乡镇政府提供统一的村规民约模板,各村在此基础上根据自身情况制定村规民约,导致各村的村规民约有相当一部分内容是相同的。调研中发现,某镇C村、L村、Q村的村规民约有1/3的内容是相同的。

五、加强村规民约作用发挥的对策建议

在乡村振兴背景下,如何充分发挥村规民约在乡村治理现代化中的作用,已成为当前乡村发展中迫切需要解决的现实问题。为建立党领导下自治、法治、德治相结合的农村基层治理机制,建议采取多种措施完善村规民约制度。

(一)充分认识村规民约的功能定位和重要意义

第一,充分认识村规民约在推进农村社会治理现代化中的功能定位。近年来,国家在多个重要政策文件中强调了村规民约工作的重要性。村规民约作为国家意志和村民意志的有机结合,外在规范村民行为,又激发其内在认同,从而形成双重作用机制,被视为国家完善乡村社会治理的有效载体。村规民约作为农村推进社会治理现代化的规范性文件,不仅是对社会治理创新的成功探索,更是推动现代乡村社会治理体制建立及推进乡村管理向乡村治理转变的重要支撑。村规民约整合了自治、法治和德治三种治理机制的优势元素,发挥了乡村内生非正式制度的影响力并整合了其背后蕴藏的丰厚社会资本。为使村规民约在新时代重新发挥重要作用,要在理顺国家与社会关系的基础上,研究国家政权与农村基层社会的互动关系,探索村规民约的运行规律和有效模式。充分发挥村规民

约的内在优势,从制度建设、法治建设、自治建设和文化建设等多个层面对村规民约进行完善。建立适应社会主义市场经济发展要求的村规民约体系,把村规民约作为扎实推进农村基层民主自治建设、农村基层法治建设和农村精神文明建设的重要“抓手”,从而夯实农村实现治理体系和治理能力现代化战略部署的基础支撑。

第二,明确村规民约与乡村治理、乡村振兴的相互关系。在关系定位上,要明确“以村规民约促进乡村社会治理,以乡村社会治理促进乡村振兴”的逻辑关系。乡村社会治理效果的不断提升,能够有效促进乡村经济的发展;乡村实现经济发展之后,又能使乡村社会治理获得更好的资源和基础。

(二)保障村民自治组织及村民在村规民约制定过程中的民主权利

第一,向村级组织放权,保障乡村的自治权。充分落实宪法和法律关于保障乡村的自治权利的规定,支持村民委员会在自治范围内代表全体村民的共同意愿处理公共事务。应该明确的是,基层政府与村委会之间是指导与被指导的关系,基层政府不能直接干涉乡村自治范畴内的事务。村规民约是具有自治性和群众性的管理规范,在维护国家政策和法律法规权威性的基础上,基层政府要向村一级组织放权,为村规民约的制定和实施创造良好的空间,将完善村规民约作为推动村民自治的重要途径。要明确村规民约的制定主体,支持各地乡村自主制定村规民约,根据村规民约来自主调节乡村内部的社会关系,从而提高村级组织开展乡村治理的绩效水平,并且提高村规民约的执行力。

第二,坚持参与式民主,保障村民的知情权和参与权。参与式民主是一种成熟的民主政治实践模式,以维护公民政治自由和民主权利为基石,通过广泛动员公民参与,促进基层民主自治的建设与发展。广大村民的认同是村规民约合法性和有效性的来源,村规民约凝聚了村民对乡村共同价值观和行为规则的认同,其有效实施基于村民合意。“共享理念实质就是坚持以人民为中心的发展思想”,村规民约制定过程要秉承“共建、共治、共享”的社会治理理念，坚决贯彻执行党的群众路线，通过广泛征求意见吸收村民的合理化建议。以保障村民的知情权和参与权为基础，回应村民对参与农村公共事务治理的关切。

第三，通过个人赋权带动村民参与乡村治理。赋权意味着人们必须在平时生活中获得新的能力，只有那些参与赋权过程的人才能自主决定并追求自身的成功。赋权和参与是相辅相成的关系，赋权是手段和进程，参与是目的和结果。因此，要增强村民在乡村治理中的自主自觉意识、平等意识和法治意识，拓宽村民参与乡村治理的渠道，从而有效调动乡村社会的内生动力，使农民从初始的“动员式参与模式”发展为“以追求个人利益为中心的参与模式”，并最终发展为“理性驱动参与模式”。激发村民参与村规民约制定及实施的积极性，促使村规民约的内容反映村民意见，得到广大群众（尤其是当地德高望重代表）的认可。不断吸收和凝聚乡村精英力量，培养“新时代乡贤”作为乡村自治人才，带动广大村民根据村规民约进行自我管理，促使村规民约内化为村民的行为守则。

（三）加强村规民约的宣传教育和执行实效

第一，发挥积极作用，加强宣传教育。正式制度和非正式制度之间存在复杂的相互关系，二者之间存在既互补又对立的关系。要消除非正式制度中的不利影响，形成与正式制度之间的优势互补。以思想政治教育理论为指导，不断强化村民遵守村规民约的自觉意识。以贴近生活的方式加强宣传，通过情景剧、小品和知识竞赛等易于接受的方式进行宣传推广，营造有利于村规民约实施的良好氛围。通过深入开展宣传教育，提高村委会干部对村规民约的理解度和认同度，推动村规民约的广泛实践，发挥其对国家法规政策的配合、支持和补充作用。设立农民讲习所，发动群众签字承诺践行村规民约，使村民能够在价值上高度认可、在态度上充分认同、在行为上养成习惯。

第二，加强组织推动，强化监督执行。村委会是村规民约的制定参与者和执行机构，应坚持集思广益、以宣教为主、奖惩公正的原则。发挥村干部、党员和村民领袖的示范引领作用,在乡村内部营造积极向上的文化氛围,对村民形成正向的道德感召力。探索党员定期联系群众和引领群众的机制,组建可持续的自助系统和互助网络,实现上下一致、共同推进的局面。在村规民约实施中探索引入“互联网+”技术手段,使村民能在手机 App 中实时查看个人的村规民约执行积分和奖惩情况,增强流动人口的社会融入性。不断提升村规民约的权威性,探索实施村规民约承诺自律制度、评价积分制度和动态管理制度,将农户积分与奖惩相挂钩。采取居民自评、邻里互评、道德评议团评议、村民代表评议等评审方式,定期开展道德评议和检查评比,将评价结果进行公示。邀请村民代表作为村规民约监督员,指导督促村民按照村规民约的内容执行,及时妥善处置违背村规民约的行为。发挥农村民间组织在道德舆论监督中的重要作用,建立村民广泛参与的志愿服务组织,辅助实施村规民约中的各项规定。

第三,完善奖惩制约措施,优化奖惩制度设计。根据社会资本理论,如果没有可有效执行的限制人类行为的规则,个人可能会“搭便车”。因此,要让村民了解违反村规民约的后果,在村规民约中明确规定奖惩办法及实施细则,并据此规范自己的行为。建立互律奖惩机制,根据村规民约的不同类别设立奖项。建立以奖为主、处罚适度的规则设置机制,村规民约在惩戒机制上不能简单粗暴或“一刀切”,要把握好执行的尺度,不使用惩罚性或强制性手段,而是以说服教育和正面引导为主。在符合法律法规的前提下,以口头批评、暂停福利或取消奖励作为主要惩罚手段,禁止设立自由罚、行为罚以及过于严苛的罚则。

(四)加强对村规民约的监督指导和合法性审查

第一,加强行政机关对村规民约的备案管理和监督指导。为确保国家法治统一和政令一致,政府要依法加强对村规民约订立过程的指导、审核和监督。根据《村民委员会组织法》第 27 条的规定,村规民约在制定和修改后,应报乡镇政府备案,即采取事后备案制。《民政部　中央组织部　中央政法委　中央文明办　司法部　农业农村部　全国妇联关于做好村规民约和居民公约工作的指导意见》强化了政府在村规民约制定中的职责，提出村委会在村规民约正式表决前将草案提交给政府审核，即采取前置审批制。因此，相关政府职能部门要加强对村规民约内容和制定程序的指导，可以建立分片包干责任制，并成立指导组下村督导。完善村规民约备案管理制度，推进备案工作的制度化和规范化。对村规民约的合法性进行严格把关，对村规民约制定程序是否合法进行审核，加强对村规民约合理性、可操作性和科学性等方面的指导。

第二，纠正村规民约中的违法违规内容。虽然村民自治组织享有制定村规民约的自主权，但是村规民约不能与宪法和法律相抵触。这就要明确村规民约的边界，及时修改村规民约中的违法违规内容和歧视性内容，以确保村规民约的规范化和法治化运行。村规民约不应包含限制人身自由或实施罚款等内容的规定，主要采取劝导、告诫等柔性处理方式。侵犯村民民主权利、人身权利和财产权利的村规民约应予以废止，如剥夺农村外嫁女和入赘婿等少数人经济权利和侵犯妇女、儿童和老人等弱势人群权益的村规民约。村规民约不能逾越法律界限去限制或挤压公民私权利空间，不能剥夺宪法和法律规定的各项公民自由权利，不应干涉未造成社会危害的村民私人生活。例如，有些村规民约以杜绝铺张浪费为由，禁止村民举办婚事、丧事以外的宴请活动，这实际上侵犯了公民享有的自由权利。不能将村规民约的考核奖惩与村民基本权利挂钩，如不让村民享受低保、不开具户口证明等，这是不合理的管理手段。

第三，明确司法机关对村规民约的合法性审查机制。司法保障机制的建立，可以协调村规民约与国家法律之间的关系。要建立地方政府与人民法院、人民检察院之间的沟通衔接机制；完善村规民约执行的司法保障制度，强化司法机关对村规民约的合法性审查职能；明确村规民约的司法适用规则和司法审查具体标准，解决对村规民约司法审查不到位的问题。

(五)突出村规民约的文化内涵和地域特色

第一,依赖和挖掘乡村内在资源,突出村规民约的文化内涵。村规民约是乡村文化的集中体现和精华浓缩,是推动乡村文化振兴的重要工具。在文化底蕴深厚的地区,村规民约的内容不必面面俱到、高度一致、整齐划一,不必完全照搬国家层面的标语或口号。村规民约可以汲取乡村治理文化传统中优秀的方面,对乡村资源进行重新开发利用。加强对乡村文化的挖掘和培育,村规民约可以体现本地特有的历史传承、文化传统和民俗风情。

第二,坚持突出重点和因地制宜的原则,形成“一村一特色,一约一特色”的局面。村规民约代表着一个乡村集体共同的行为取向、道德水准、情感依托和价值导向,其地方性和区域性非常突出。村规民约在发展中应保持自身鲜明特色,注重突出社会地理文化特色,杜绝“一刀切”的做法,向村规民约中融入具有本地特色的规则,吸收与乡村管理、村民日常生活密切相关的规则。例如,有河流、山川、水库的乡村的村规民约可加入新时代生态文明建设和生态伦理道德等内容,如合理利用水资源、适度开发林业资源;地处山区的乡村的村规民约可加入森林火灾预防、禁止毁林等内容。

结　语

村规民约不仅是规定和文字,还可以成为推动乡村振兴的有力工具,可以通过村规民约促进农村产业发展、环境保护、文化传承等方面的发展。村规民约应该根据实际情况科学制定,内容应该具体明确且可操作性强。村规民约的意义和作用需要得到广泛宣传,让村民了解其重要性和必要性,增强村民对村规民约的认同感和遵守意识。村规民约要贴近实际,符合当地的风俗习惯和法律法规,制定过程中应广泛征求村民的意见,确保村规民约的科学性、合理性。村规民约的实施要得到村民的积极参与和监督管理,村干部应加强对村规民约的监督和管理,及时发现和处理违规行为。对遵守村规民约的村民给予奖励,对违反村规民约的行为加以惩罚,建立完善的奖惩制度,以有效地促进村民遵守村规民约。